ESSAI DE CONFÉRENCES

SUR

L'EMPLOI DES MANŒUVRES D'INFANTERIE

DEVANT L'ENNEMI,

RÉDIGÉES

Par le Colonel Le Louterel,

POUR L'INSTRUCTION DES OFFICIERS DU 21me RÉGIMENT D'INFANTERIE

DE LIGNE.

PARIS,

LIBRAIRIE MILITAIRE DE J. DUMAINE,

LIBRAIRE DE LL. AA. RR. LES DUCS DE NEMOURS ET D'AUMALE,

(MAISON ANSELIN),

RUE ET PASSAGE DAUPHINE, 36.

—

1848.

Typographie Bénard et Comp., pass. du Caire, 2.

CONFÉRENCES

SUR

'EMPLOI DES MANOEUVRES D'INFANTERIE

DEVANT L'ENNEMI.

CONFÉRENCES

SUR

DES MANŒUVRES D'INFANTERIE

DEVANT L'ENNEMI,

RÉDIGÉES

PAR LE COLONEL LE LOUTEREL,

POUR L'INSTRUCTION DES OFFICIERS DU 21me RÉGIMENT DE LIGNE.

PREMIÈRE CONFÉRENCE.

La plupart des officiers confondent les conférences sur l'emploi des manœuvres, avec les théories de détail qui se font dans les corps, et ne voient rien au-delà de l'ordonnance du 4 mars 1831 ; celui qui en connaît le mieux tous les détails, est, à leurs yeux, le plus savant en fait de manœuvres. Nul doute que cette connaissance soit de première nécessité ; mais il en est une autre non moins importante, c'est l'application de tous les mouvements à la guerre ; connaissance sur laquelle l'ordonnance est muette, laissant ainsi à l'appréciation de celui qui commande devant l'ennemi, l'emploi de ceux propres à l'offensive et à la défensive, eu égard à la configuration du terrain, et à l'espèce des troupes à combattre ; c'est donc sur

1847

cette application , bien distincte des détails théoriques, que doivent porter les conférences ordonnées par la circulaire ministérielle du 31 décembre 1844.

L'ignorance des détails théoriques d'un mouvement, ou la fausse application de ce mouvement, peuvent également avoir de fâcheux résultats devant l'ennemi. Je n'en citerai qu'un exemple entre mille : le 1ᵉʳ novembre 1799, à Kosseïr, en Égypte, un détachement de troupes anglaises, dans lequel servaient beaucoup d'émigrés français, s'était formé, en débarquant sur la plage, dans une direction perpendiculaire au rivage ; il aperçut aussitôt sur ses derrières, quelques troupes françaises qui accouraient pour s'opposer au débarquement et à la marche offensive des troupes débarquées ; le commandant anglais commit la faute de faire exécuter une espèce de contre-marche en bataille, pour se placer dans un ordre naturel face à nos soldats, mais ceux-ci ne lui en donnèrent pas le temps ; il y eut de l'hésitation, puis du désordre, et il fut détruit ou pris en totalité par des forces inférieures en nombre (1). Si ce commandant se fût contenté de faire face par son dernier rang, mouvement si prompt et si simple, qui pourtant n'a été adopté réglementairement qu'en 1831, il aurait pu résister avec avantage : Napoléon, à la bataille de Lutzen, le 2 mai 1813, ayant été tourné par l'armée alliée et attaqué sur ses derrières au moment où son armée se dirigeait sur Leipsig, ne commit pas la même faute ; il accepta la bataille : *N'importe*, dit-il, *ce sera une bataille d'Égypte sans cavalerie ; partout l'infanterie française doit savoir se suffire, et je ne crains pas de m'abandonner à la valeur innée de nos jeunes conscrits.* Les troupes, qui étaient en colonne, firent demi-tour à droite, et se déployèrent dans la plaine par leur troisième rang ; cette manœuvre réussit parfaitement, encore bien qu'elle ne fût ni adoptée ni usitée.

L'art de la guerre se divise en deux parties bien distinctes : la stratégie et la tactique.

La stratégie est dans les jambes, a dit le maréchal de Saxe, car c'est par

(1) Ces détails m'ont été donnés par un témoin oculaire, émigré français, qui servait alors dans l'armée anglaise (M. de S.....).

des marches forcées, extraordinaires et inattendues, qu'une armée parvient à se placer sur les derrières ou sur les flancs de l'ennemi, et à intercepter ses communications. Guibert, l'un de nos meilleurs écrivains militaires, a dit : *Les mouvements de troupes bien entendus, ont gagné plus de batailles que l'artillerie.* Ceci est rigoureusement vrai ; la bataille de Marengo n'aurait pas eu ses immenses résultats, si Napoléon, qui a reculé si loin les limites de la stratégie, n'eût fait franchir les Alpes à son armée, par le grand Saint-Bernard, et ne fût arrivé ainsi, en peu de jours, sur les derrières et sur le flanc droit de l'armée autrichienne. La stratégie est donc exclusivement du ressort des officiers généraux.

La tactique est l'art d'employer et de disposer les troupes un jour de combat, et cet art est subordonné au moral de ces troupes, à l'à-propos et surtout à la nature du terrain. La tactique est le complément de la stratégie, car après avoir manœuvré, il faut combattre, et avec d'autant plus d'acharnement, que l'ennemi, se trouvant placé dans une position critique, cherchera à vaincre pour en sortir et éviter une défaite. La tactique est donc essentiellement du ressort de tous les officiers, et pourtant, on peut dire que la plupart vont à l'exercice et y exécutent des manœuvres, sans savoir quel parti l'on peut en tirer devant l'ennemi, ni même s'en inquiéter, et dans quels cas il faut les employer.

SUR LES DIFFÉRENTS ORDRES DE COMBAT.

L'infanterie n'a que deux ordres : le mince et le profond ; ils peuvent également offrir des avantages et des inconvénients, si celui qui les emploie adopte des règles invariables et non raisonnées ; le militaire judicieux, qui a du coup d'œil, adopte au contraire instantanément les modifications que comportent les circonstances, et tire toujours le meilleur parti possible de l'un ou de l'autre ordre.

L'ordre mince, dit Jomini, a été constamment suivi par Wellington, et on en a conclu qu'il était le meilleur, puisqu'il avait triomphé de nos colonnes. Cette assertion n'est pas rigoureusement exacte, car à Talavera de la Reina, le 28 juin 1809, le champ de bataille est resté neutre ; les deux armées ont couché dans leurs positions respectives, et se sont mises en route à peu près en même temps, les Français sur Tolède, et les Anglais sur le Portugal ; cependant ces derniers avaient une force numérique presque double de celle des Français : soixante-quinze mille Anglo-Portugais contre quarante mille. — Aux Arapilés, le 22 juillet 1812, les Anglais durent la victoire à cette même supériorité numérique, et surtout à la fatalité, qui voulut que tous les généraux qui prirent successivement le commandement de l'armée française (Marmont, Bonnet et Clauzel) fussent blessés et obligés de quitter le commandement. — A Vittoria, le 21 juin 1813, l'armée française, forte de quarante mille hommes seulement, et encombrée d'équipages et de bagages de l'immense quantité d'Espagnols qui suivaient la fortune de Joseph Bonaparte, fut surprise dans une position d'autant plus critique, que ses deux ailes étaient en l'air dans la plaine de Vittoria, et que Wellington avait au moins quatre-vingt mille hommes, Anglais, Espagnols et Portugais ; les Français furent battus. — A Toulouse, le 10 avril 1814, l'armée française ne comptait que vingt-un mille hommes aguerris et six mille recrues, tandis que les coalisés en comptaient plus de quatre-vingt mille, et cependant ces derniers eussent perdu la bataille, sans l'impatience du général Taupin, qui sortit trop tôt du poste que sa brigade occupait, laquelle était destinée à couper une grande partie de l'armée ennemie ; faute irréparable et qu'il paya de sa vie ! — Enfin, à Waterloo, le 18 juin 1815, malgré les boues qui empêchèrent l'artillerie française de suivre l'infanterie, l'armée anglaise était ébranlée et commençait sa retraite sur Bruxelles, lorsque les Prussiens parurent à huit heures du soir, sur le flanc droit des Français, et vinrent leur arracher la victoire.

Tout cela ne veut pas dire que Wellington a eu tort de combattre toujours dans un ordre déployé, ni que nous avons eu raison de ne présenter que des masses profondes à la Moskowa et à Waterloo ; mais bien que les succès de Wellington ne sont pas dûs uniquement à son ordre mince, ils le sont plutôt à sa supériorité numérique dans quatre batailles sur cinq, relatées ci-dessus, à son excessive prudence, à la bonne habitude qu'ont les troupes anglaises de ne jamais manquer de vivres ni de liqueurs spiritueuses, même les jours de combat, contrairement aux Français ; à leur aplomb dans les feux (justice qu'il faut leur rendre) ; au soin qu'ils ont de se retrancher en position définitive ; à la fougue impétueuse de nos troupes, sur laquelle ceux qni les commandent comptent trop, et négligent bien souvent des dispositions que la prudence et le bon sens indiquent ; si à Talaverra de la Reina, le maréchal Jourdan eût voulu attendre l'arrivée du corps de Soult, avant d'attaquer l'armée anglaise, le résultat de la bataille n'aurait sans doute pas été négatif. Si à Boussaco, en Portugal, le 27 septembre 1810, Masséna, au lieu de chercher à faire enlever de front la position de l'Alcoba eût d'abord tourné cette position par les défilés de Serdao, comme il le fit le lendemain, il aurait de même forcé les Anglais à la retraite, et n'aurait pas perdu six mille hommes, tués, blessés et faits prisonniers. Quoi qu'il en soit, l'ordre mince est préférable à l'ordre profond, toutes les fois qu'on n'a pas à redouter la cavalerie, car on doit être économe du sang des soldats, si l'on veut continuer la guerre avec avantage ; ils en sont le nerf comme l'argent est le nerf de l'intrigue.

Les colonnes trop profondes, dans des mains inhabiles, ont eu des résultats désastreux ; ainsi, à Albuera, le 16 mai 1811, le général Girard, à la tête du 5ᵉ corps, serré en masse par régiment, aborda la position des Anglais, qu'il croyait en retraite. Les ayant au contraire trouvés en bon ordre, sa colonne reçut, à petite portée, un feu de deux rangs des mieux nourris et des mieux dirigés, dont pas une balle n'était perdue, tandis que la tête de cette colonne pouvait seule répondre par un feu qui s'amoindrissait promptement, par les tués et les blessés des premiers rangs. Pour se tirer d'un si mauvais pas, le général Girard, qui avait d'abord négligé de faire couvrir son front par une ligne de tirailleurs, commit encore la faute impardonnable de vouloir présenter à son tour, la queue de sa colonne, qui n'avait pas souffert, en faisant exécuter, sous le feu le plus meurtrier, un passage des lignes, au lieu d'emporter la position au pas de course et la bayonnette en avant, avec une portion de son monde déployée et l'autre en réserve. Nul doute que, dans ce cas, il aurait perdu du monde encore, mais pas autant que dans l'effroyable déroute qui fut le résultat de sa manœuvre et de son ineptie. Comment, en présence de ce fait et de beaucoup d'autres que je pourrais citer, a-t-on pu commettre la même faute, quant à la profondeur des colonnes, aux batailles de la Moskowa et de Waterloo? Car, dans ces deux batailles, l'une gagnée et l'autre perdue, des positions ont été attaquées par des colonnes profondes, dans lesquelles la fusillade et la mitraille firent d'affreux ravages. A Waterloo, par exemple, le corps d'armée du comte d'Erlon fut divisé en trois colonnes, de douze bataillons chacune, déployés et serrés en masse les uns derrière les autres, ce qui donnait quarante huit rangs de profondeur, y compris les serre-files ; ces colonnes ayant été prises en flanc par l'infanterie anglaise, et mitraillées de front, furent ébranlées, et leur déroute achevée par la brigade de cavalerie de lord Ponsomby. Si le commandant de ce corps d'armée eût été chargé de prendre des dispositions pour faire tuer le plus de monde possible, il n'aurait jamais mieux réussi. Il est vrai qu'à la bataille de Valmy, le 20 septembre 1792, le général Kellermann avait aussi placé son infanterie en colonnes d'un bataillon de front ; mais, heureusement pour lui, il était en position défensive, et les Prussiens ne l'attaquèrent pas avec opiniâtreté ; car s'il eût été repoussé, ses colonnes auraient horriblement souffert par les difficultés d'un déploiement, s'il était devenu indispensable.

Pourquoi mettre tant de monde pour attaquer une position , lorsqu'il est constant que deux ou trois rangs seulement peuvent faire feu ou se servir de la bayonnette ? Ne vaudrait-il pas mieux mettre en réserve , sur plusieurs lignes, et à portée , ce qu'il y a de trop, et n'attaquer ou se défendre qu'avec une seule ligne ? Mais malheureusement la plupart de ceux qui ont des commandements à la guerre pensent n'avoir jamais assez de monde ; c'est ainsi que j'ai vu, dans les rues de Paris et de Lyon , des colonnes plus ou moins profondes se porter sur des barricades , tandis qu'un peloton sur deux rangs , marchant un rang sur chaque côté de la rue, et au pas de course, eût suffi.

Si le terrain ne permet de présenter que deux bataillons de front, il faut laisser les autres en arrière et suffisamment éloignés pour n'être point atteints par le feu de l'ennemi. Si la première ligne est trop maltraitée, on la fait soutenir par une seconde, et celle-ci par une troisième, lorsqu'il y a urgence. Il est bien rare qu'un succès ne soit pas le résultat d'une succession de troupes fraîches dans une affaire.

Si la présence de la cavalerie était à redouter, dans ce cas seulement les bataillons, au lieu d'être déployés, pourraient être formés en colonnes doubles, à distance de peloton, prêtes à former les carrés où à se déployer, selon les circonstances. Dans le cas des carrés, elles n'offriraient que huit hommes de profondeur y compris les serre-files, pour deux faces, et seize avant la formation des carrés ; mais du moment où elles auraient à essuyer le feu de l'ennemi, elles pourraient se déployer, et dans ce cas, chaque bataillon agissant pour son compte particulier, il ne peut jamais résulter un grand désordre d'un déploiement par les deux ailes ; d'où il faut conclure que l'ordre mince ou déployé, et les colonnes doubles pour l'ordre profond, lorsqu'on est forcé d'employer cet ordre, doivent donner des résultats satisfaisants ; ces colonnes sont d'autant meilleures qu'elles sont faciles à manier, et que, partant, elles ont plus d'impulsion que les bataillons déployés ; leur front réduit au quart de celui du bataillon en bataille, leur permet de passer partout et de choisir leur terrain pour s'y déployer. Mon opinion à cet égard se trouve corroborée par un écrit de M. le maréchal Marmont, qui m'est tombé sous la main, intitulé : *De l'Esprit des Institutions Militaires*, et dans lequel on lit à la page 32 : « *L'attaque d'une position exigeant la marche la plus rapide, et le terrain* « *à parcourir étant souvent hérissé d'obstacles, les troupes doivent tou-* « *jours être formées en colonnes par bataillons. Ces petites masses sont* « *faciles à mouvoir ; elles traversent sans efforts tous les défilés ; la* « *queue, moins exposée au feu de l'ennemi que la tête, pousse celle-ci* « *et l'on arrive plus vite.* »

Quelques militaires reprochent à la colonne double d'avoir les deux meilleurs pelotons du bataillon, ceux d'élite, à la queue ; ce reproche n'est que spécieux, et ceux qui le font n'ont pas réfléchi qu'elle ne combat pas dans cet ordre ; ou elle est déployée promptement ou formée en carré, selon qu'elle est opposée à de l'infanterie ou à de la cavalerie. Dans le premier cas, les deux pelotons d'élite rentrent à la droite et à la gauche du bataillon aussi promptement que possible. Dans le second, ces deux pelotons forment l'une des faces du carré. Et à propos de cela, je dirai qu'un jour viendra, je l'espère, où les pelotons, divisions et bataillons n'auront ni places fixes ni inversions, c'est-à-dire qu'ils seront toujours prêts à combattre dans toutes les positions ; c'est une importante question que je traiterai amplement dans une conférence spéciale.

DEUXIÈME CONFÉRENCE.

SUR LES FEUX EN GÉNÉRAL.

Les feux sont un accessoire de la tactique, indispensable dans la défensive, plus nuisibles qu'utiles dans l'offensive, en ce que le succès dépend de la célérité des mouvements et de la vigueur avec laquelle ils sont menés ; cette opinion était celle de Charles XII, roi de Suède, lequel disait à ses soldats : *Mes amis, joignez l'ennemi, ne tirez point ; c'est aux poltrons à le faire.*

Pour faire des feux, il faut s'arrêter et perdre un temps d'autant plus précieux que les troupes qui se défendent ont le temps de recharger, ce qui ajoute encore à l'avantage de leur position.

La bonne infanterie est avare de son feu, la mauvaise tire de loin et n'a plus de munitions lorsqu'il faut tirer de près. Guibert a dit : *Hors les occasions de fausses attaques ou de stratagèmes, toute canonnade qui n'a pour objet que celui de tuer quelques hommes au hasard et aux dépens de beaucoup de munitions est ridicule et misérable.* Ceci peut s'appliquer également à la fusillade à grande portée. Les Espagnols, au siége d'Hesdin, qu'ils défendaient en 1637, avaient consumé inutilement tant de munitions, qu'ils n'en avaient plus au moment où elles leur auraient été nécessaires, celui de l'assaut ; leurs successeurs, en faisant tirer un coup de canon sur un homme, au siége de Cuidad-Rodrigo, en 1810 (chose dont j'ai été témoin), n'étaient pas plus sages. Au reste, il est assez rare de trouver des chefs, qui, devant l'ennemi , ne font exécuter des feux qu'à la portée où ils commencent à être réellement meurtriers (40 à 50 mètres) ; à 100 mètres des expériences ont prouvé qu'un peloton de vingt files sur trois rangs, exécutant un feu de peloton sur une cible ayant la même étendue que lui en hauteur et longueur , huit à douze balles seulement portent, et si l'on déduit de ce nombre le tiers ou le quart qui passeraient dans les vides , si la cible était remplacée par un peloton de soldats, il en resterait de six à neuf. Ce résultat n'étonnera personne, si l'on veut bien remarquer que les soldats du premier rang abaissent tellement le bout du canon que les balles vont frapper la terre à quinze où vingt pas et ricochent ; que ceux du troisième rang au contraire tiennent le bout du canon tellement élevé qu'elles passent bien au-dessus du but. Aujourd'hui que les principes du tir sont développés et appliqués avec beaucoup de succès , cet exercice offrira des résultats beaucoup plus avantageux que ceux que j'ai signalés ; mais je puis avancer que, devant l'ennemi, l'émotion et le trouble intérieur , inséparables d'un combat réel , feraient toujours que le soldat ne tirerait pas aussi juste ; il n'y aurait que les vieux militaires qui, dans ces circonstances critiques, ne perdraient pas de vue les principes et qui tireraient le meilleur parti possible de leur feu. Les troupes de nouvelles levées de toutes les nations ont le défaut de tirer beaucoup pour rien ; ainsi, au combat de Biberach, le 9 mai 1800, Gouvion-Saint-Cyr, ayant envoyé des tirailleurs contre des corps autrichiens en position , ceux-ci , au lieu de leur opposer d'autres tirailleurs, se contentèrent de faire des décharges générales et inutiles sur des hommes éparpillés, comme une troupe effrayée, qui croit qu'en faisant beaucoup de bruit, elle arrêtera l'ennemi.

Je répéterai ici ce que j'ai dit ailleurs, que, dans l'offensive, la véritable force de l'infanterie c'est la bayonnette ; il est bien préférable d'aborder l'ennémi au pas de course et la bayonnette en avant que de s'amuser à tirailler dans une position désavantageuse ; on arrive ainsi sur lui avec tout son feu , ses munitions et ses armes en bon état ; s'il est à découvert et qu'il vous attende sans tirer, la partie devient égale et lorsque la distance est tellement rapprochée qu'un coup de fusil ne puisse plus être perdu , se donner le premier feu est un coup de maître, puisque celui qui le reçoit doit perdre la moitié de son monde. Si au contraire l'ennemi a commencé son feu trop tôt, il est perdu, parce qu'il n'aura pas le temps de recharger avant d'être abordé par vous ou de recevoir votre feu à une très petite portée ; c'est ce qui arriva à un bataillon autrichien, le 30 octobre 1805 , à la bataille de Caldiéro. Ce bataillon, après s'être maladroitement dégarni de tout son feu sur un bataillon du 20me régiment de ligne français, auquel il fit peu de mal, ne put résister au choc de ce dernier qui avait tout son feu en réserve. Le bataillon autrichien fut entièrement pris ou tué , quoique numériquement plus fort que l'autre.

M. le maréchal Bugeaud , dans ses aperçus sur quelques détails de la guerre, page 77, conseille aussi de se donner le premier feu, mais c'est là une grande difficulté , en ce que celui qui vous attend peut le faire les armes étant apprêtées , et qu'il ne lui reste à faire que les commandements de joue et de feu. Il faudrait, pour neutraliser cet avantage, que les soldats fussent exercés souvent à marcher la bayonnette en avant, et au pas de course, sans se désunir, à s'arrêter et à mettre en joue au seul commandement de *joue* et à faire feu sans commandement dès qu'il y aurait un ennemi au bout de leur canon ; bien entendu qu'en chargeant à la bayonnette les fusils devraient être armés. Après le feu, il faudrait se se porter rapidement en avant la bayonnette croisée et sans prendre le temps de recharger.

C'est avec la bayonnette et sans tirer, que Suvarow résista quelquefois aux bataillons français dans les campagnes d'Italie et des Grisons, en 1799. Ce vainqueur des Turcs, qui ne manquait ni de coup d'œil, ni d'activité, ni d'originalité, disait : *Des reconnaissances, je n'en veux pas ; elles ne servent qu'aux gens timides et pour avertir qu'on arrive ; on trouve toujours l'ennemi quand on veut. Des colonnes, la bayonnette, l'arme blanche, attaquer, enfoncer, voilà mes reconnaissances.* Il n'y a de bon dans cette jactance, que les attaques à la bayonnette, car les Français lui apprirent plus tard, que les reconnaissances étaient indispensables, que les colonnes pour le combat, avaient de graves inconvénients, et qu'il ne suffisait pas d'attaquer pour enfoncer, puisqu'il fut battu complètement par Masséna et rappelé par son empereur, Paul 1er. Du reste, le premier combat des Russes avec les Français, fut, pour les premiers, d'un mauvais augure ; le 25 avril 1799, les Russes attaquèrent à la bayonnette les retranchements du pont de Lecco ; les carabiniers de la 18e légère, jaloux de leur éviter la moitié du chemin et de se mesurer avec ces nouveaux soldats, qu'on disait invincibles, sortirent de leurs retranchements, croisèrent la bayonnette avec les Russes et les obligèrent à la retraite, après avoir laissé deux cents morts et blessés sur le terrain. A cette époque les Russes étaient fanatisés et imbus de l'idée que, s'ils succombaient en combattant vaillamment, le grand saint Nicolas les ferait revivre dans leur patrie. Les Français combattaient pour la liberté ; il y avait deux grands principes en présence.

Au combat de Valmy, le 20 septembre 1792, Kellermann empêcha de tirer et fit charger les Prussiens à la bayonnette ; cette charge eut un plein succès, et le général français perdit beaucoup moins de monde que s'il se fût amusé à faire exécuter des feux.

A la bataille de Montenotte, le 10 avril 1796, le colonel Rampon, chargé de défendre la redoute de Montélégino, ayant épuisé toutes ses munitions sur les Autrichiens, la défendit à la bayonnette et les empêcha d'y pénétrer.

Le maréchal Soult, alors général de division, fit enlever la position de Lhermette, près de Gênes, le 22 germinal an VIII, à la bayonnette ; l'affaire fut plus meurtrière pour l'ennemi que par le feu.

Les feux d'ensemble, c'est-à-dire de peloton, de demi-bataillon et de bataillon, ne doivent être employés que derrière un retranchement ou bien sur une troupe qui n'est pas à plus de 50 mètres, lorsqu'on est à découvert, encore faut-il après le feu, charger immédiatement à la bayonnette. A une plus grande distance, ils font plus de bruit que d'effet. M. le maréchal Bugeaud, dans les Alpes, en 1815, alors qu'il était colonel du 14e de ligne, est parvenu à battre et à détruire presqu'en entier, avec son régiment, une colonne de 10,000 Autrichiens, lesquels faisaient un feu continuel et à toute portée ; le colonel Bugeaud, au contraire, les attendait pour ainsi dire à bout portant, faisait une décharge, les chargeait à la bayonnette pendant cinq minutes et rentrait dans ses positions.

Voici encore un trait de notre histoire qui prouve la puissance du feu à petite portée et bien dirigé, ainsi que celle de la bayonnette après le feu : Le 27 novembre 1795, le chef de bataillon Vialat, faisant partie d'une brigade qui se portait sur Rivoli et qui était repoussée, soutint le choc avec quinze grenadiers. Après avoir fait feu sur la tête de la colonne autrichienne et y avoir fait tout le mal que peuvent faire quinze coups de fusil bien dirigés, ils marchèrent intrépidement sur les Autrichiens la bayonnette en avant, et furent suivis par la brigade, honteuse de ne pas imiter leur exemple ; le retour offensif, dû à seize hommes déterminés, mit les Autrichiens en déroute et leur coûta huit cents prisonniers.

Le feu de deux rangs doit être employé de préférence toutes les fois qu'on est forcé de rester en position, ou derrière un retranchement lorsque l'ennemi en est à cent ou cent cinquante mètres, parce que le soldat a plus de liberté d'action, qu'il peut mieux ajuster et ne tirer que lorsqu'il a la presque certitude que son coup portera. Si, malgré ce feu bien dirigé, l'ennemi vous aborde, il y a toujours à peu près la moitié des coups en réserve ; avantage que n'offrent pas les feux d'ensemble. J'examinerai à l'article *Dispositions contre la cavalerie*, pourquoi on a peut-être eu tort de ne pas adopter le feu par rang, né et essayé au camp de Boulogne, et dont on a fait un usage avantageux à la fin des guerres de l'empire.

Il faut que tous les officiers se mettent bien dans la tête qu'il ne suffit pas de faire du bruit pour arrêter un ennemi brave et entreprenant, il faut encore le toucher, l'écraser : or, le moyen d'atteindre ce but, c'est de ne tirer qu'à coup sûr dans toutes les circonstances ; on évite par là deux inconvénients graves, la perte des munitions, qu'on n'est pas toujours à même de remplacer, et l'encrassement des fusils au moment où il faudrait qu'ils fussent en bon état. Les troupes anglaises ont parfaitement compris ces principes, et en ont fait la plus heureuse application dans toutes leurs positions défensives.

Le manque de munitions produit un effet désastreux sur le moral des troupes, surtout celles de nouvelles levées ; il semble au soldat qu'il ne peut plus rester à son poste, et il est enchanté de se retirer du combat sous le prétexte d'aller en chercher. La quantité de cartouches brûlées dans les batailles de la république et de l'empire était immense ; le soir, toutes les gibernes et beaucoup de caissons étaient vides. On a calculé qu'une seule balle avait porté sur trois cents. Guibert a dit que sur cinq cent mille coups de fusil, il n'y en avait que deux mille qui portent, ou une balle sur cinq cents ; Lloyd a dit une balle sur deux cents. Quoi qu'il en soit de ces résultats, ils font suffisamment voir combien de coups sont tirés inutilement, car on aurait pu tuer ou blesser autant de monde avec la dixième partie, sans pour cela être plus exposé ni maltraité soi-même.

L'exécution des feux, quels qu'ils soient, demande du calme, du sang-froid, et surtout du silence, puisque c'est à celui qui commande à juger de leur opportunité, et il importe beaucoup que ses commandements soient entendus et ponctuellement exécutés ; c'est par l'observance de ces principes, que le 9 avril 1799, au combat de Nazareth, Junot, avec trois cents grenadiers et cent dragons, résista en plaine, à quatre ou cinq mille hommes de cavalerie : lorsque l'ennemi fut à portée de pistolet, une première décharge faite avec à-plomb, et chaque homme visant bien, mit trois cents ennemis hors de combat. Cette cavalerie, croyant prendre facilement une si petite troupe, s'était approchée avec confiance ; la réception qu'on lui fit la fit reculer, ce qui donna le temps aux grenadiers de recharger ; mais, revenu de sa première surprise, l'ennemi s'avança de nouveau et reçut une deuxième décharge, qui mit encore deux cents hommes hors de combat et le décida à s'éloigner. Si les grenadiers eussent tiré trop tôt, et n'eussent pas écouté les commandements, tout porte à croire qu'ils auraient été sabrés. Ainsi, dans le cas où une troupe en attaque une autre, et où celle qui a le premier feu a tout l'avantage, l'ordre et le silence contribueront puissamment à le lui faire obtenir, si celui qui commande est d'ailleurs doué du sang-froid et de l'intelligence nécessaires ; mais je ne puis assez le répéter, en terminant cette conférence, l'infanterie doit être extrêmement avare de son feu, à cause de tout ce que j'ai dit, et encore parce que l'ennemi prenant souvent le change sur les dispositions d'une troupe qui l'attend ou l'aborde sans tirer, prend aussi confiance et s'expose à son feu, à la portée la plus meurtrière.

TROISIÈME CONFÉRENCE.

SUR LES DIFFÉRENTES MANIÈRES DE PASSER DE L'ORDRE EN BATAILLE A L'ORDRE EN COLONNE.

Voici deux principes essentiels dont il ne faut s'écarter que le moins possible : le premier, c'est de manœuvrer devant l'ennemi hors portée de armes à feu, de calculer le temps nécessaire pour sa manœuvre, de manière à n'être point attaquée tandis qu'elle s'exécute ; le deuxième, de n'offrir que des masses à la cavalerie et des lignes déployées à l'infanterie et à l'artillerie. C'est pour avoir méconnu le premier de ces principes, dit M. le maréchal Bugeaud, sans citer les personnes ni les lieux, *qu'une division d'infanterie en colonne par régiment, ayant commencé son déploiement à portée de fusil de l'ennemi, fut mise dans une déroute complète avant l'achèvement de la manœuvre.* C'est à la même cause que l'on dut la déroute de l'infanterie à la bataille de Vimeiro, en Portugal le 21 août 1808 : deux bataillons de la réserve s'étant portés en colonne serrée, et au pas de charge, contre la gauche de la ligne anglaise, qui débordait la droite de la ligne française, furent chargés si impétueusement, au moment où ils se déployaient, qu'ils perdirent deux cents hommes en trois minutes ; enfin, c'est pour avoir manœuvré trop près de la cavalerie française que les grenadiers de Zach, à Marengo, qui, jusque-là s'étaient admirablement battus, furent mis dans une telle déroute que le succès de la journée fut acquis aux Français.

Quant au second principe, c'est également pour l'avoir méconnu que le corps d'armée du comte d'Erlon fut mis en déroute, comme je l'ai expliqué dans la première conférence, et qu'il aurait été entièrement détruit ou pris par les dragons anglais, si deux régiments de lanciers français n'étaient venus le dégager.

Lorsqu'on est en bataille, plusieurs raisons peuvent obliger à se mettre en colonne et nécessiter des mouvements différents, soit par la présence de l'ennemi soit par la nature du terrain.

Premier cas : Si l'on doit se porter en avant sur un terrain accidenté, pour enlever une position défendue par de l'infanterie ou de l'artillerie, chaque bataillon est formé en colonne double serrée en masse, afin que le déploiement soit plus prompt sur le nouveau terrain; si dans ce mouvement on avait à craindre la cavalerie, les colonnes seraient formées à demi-distance, afin de former les carrés échelonnés ou bien obliques. Dans cette marche, sur un terrain accidenté, les colonnes devraient se couvrir le plus longtemps et autant que possible, par les choses saillantes à la surface du sol, telles que maisons, murs, haies, bouquets de bois, arbres, etc., etc., qui pourraient se trouver entre elles et l'ennemi, se déployer aussitôt que le terrain le permettrait et n'aborder l'ennemi qu'en bataille.

Deuxième cas : Si l'on doit se porter en avant ou en retraite sur une route ou une chaussée, et qu'on ait à redouter la présence d'infanterie ou d'artillerie sur ses flancs, la ligne rompt par pelotons ou par divisions et marche dans cet ordre, afin de pouvoir se former promptement en bataille dans l'ordre naturel ou par inversion, s'il y avait nécessité.

Troisième cas : Si l'on devait se porter en avant ou en retraite sur une seule colonne, à cause du rétrécissement du terrain, pour se former ensuite en bataille sur une position quelconque, l'on se formerait en colonne par divisions, serrée en masse, afin de pouvoir déployer par bataillon en masse, puis les masses. Si dans ce mouvement on avait à craindre la cavalerie en arrivant sur la position, la colonne serait formée à demi-distance, afin de pouvoir former les carrés obliques ou échelonnés ; mais dans ce cas, il faudrait, en débouchant sur le terrain du déploiement, que chaque colonne composée d'un bataillon s'isolât, c'est-à-dire que le premier bataillon, si la droite était en tête, changeât de direction à droite, que le second laissât, entre lui et le premier, distance de déploiement avant de changer de direction, et ainsi de suite des autres bataillons. Dans cette position, et si la cavalerie était encore éloignée, le premier bataillon pourrait se porter en avant et former un échelon avec le second, celui-ci avec le troisième, etc., etc. Si au contraire la cavalerie était trop rapprochée, il faudrait rester en bataille par bataillon en masse, sur son terrain, et y former les carrés obliques, après avoir pris distance de peloton dans chaque colonne.

2

Toute colonne, marchant à l'ennemi ou en retraite, doit être précédée ou suivie par une bonne ligne de tirailleurs, pour éviter les embuscades ou les attaques inopinées de l'ennemi. Ces tirailleurs, sur deux rangs avec réserve, devraient être à 200 mètres au moins en avant ou en arrière de la colonne. Il doit aussi y en avoir sur les flancs, à 100 mètres au moins, que le pays soit ou non découvert, attendu qu'un trou, un fossé, un ravin ou autre excavation peuvent cacher une embuscade ou des tirailleurs ennemis.

Voici l'opinion de M. le maréchal Marmont à cet égard (De l'Esprit des Institutions Militaires, page 32) : « *De nombreux tirailleurs doivent précéder les colonnes et marcher dans une direction correspondant aux intervalles des bataillons, de manière à diviser le feu de l'ennemi et à couvrir le déploiement, s'il devient nécessaire, sans masquer les têtes de colonnes qui peuvent commencer immédiatement leur feu. Les tirailleurs ainsi placés se trouvent appuyés ; ils ont des points de ralliement désignés et à portée, et ils ne peuvent jamais être compromis.* »

SUR LES DIFFÉRENTES MANIÈRES DE PASSER DE L'ORDRE EN COLONNE A L'ORDRE EN BATAILLE.

Je répéterai ici que l'ordre en bataille, déployé ou mince, doit être la formation habituelle de combat de l'infanterie ; l'ordre en colonne n'est applicable qu'aux marches et aux manœuvres, ou bien lorsqu'on a à redouter la cavalerie.

Premier cas : Supposons une colonne par division, la droite en tête et à distance entière, attaquée dans sa marche, sur l'un de ses flancs, par de l'artillerie et de l'infanterie ; cette colonne serait arrêtée sur le champ et formée à gauche en bataille si elle devait faire face à gauche, et par inversion à droite en bataille si elle devait faire face à droite. Cette manœuvre n'aurait lieu, toutefois, que dans le cas où l'ennemi serait abordable et dans celui où la continuation de la marche sous son feu ne serait pas commandée par une impérieuse nécessité, telle que celle de protéger et sauver un convoi quelconque ou bien de s'emparer d'un pont, d'un gué, d'un défilé, etc. , etc.

Deuxième cas : Si l'ennemi se présentait en avant, de manière que la tête de la colonne fut à peu près vis-à-vis son centre, elle serrerait en masse et serait déployée sur le bataillon du centre. Si cette colonne se trouvait vis-à-vis l'aile droite de l'ennemi, elle serrerait de même en masse et serait déployée sur son dernier bataillon, et sur son premier, si elle se trouvait vis-à-vis l'aile gauche.

Troisième cas : Si l'ennemi, par une marche de flanc inaperçue, se présentait sur les derrières de la colonne, elle ferait aussitôt face par le troisième rang, serrerait en masse, et serait déployée comme il est dit ci-dessus, selon le cas.

Quatrième cas : Si la colonne, au lieu d'être à distance entière, était serrée en masse, et que l'ennemi (infanterie ou artillerie) se présentât de même sur l'un ou l'autre de ses flancs, elle prendrait ses distances pour déployer face à gauche, ou par inversion, face à droite, et serait ensuite déployée par bataillon en masse, puis les masses; ou bien elle serait arrêtée, changerait de direction de pied ferme, et serait ensuite déployée pour faire face à l'ennemi. Ces mouvements seraient longs, en raison du nombre de bataillons dont serait composée la colonne ; mais ce sont les seuls qu'il serait possible d'exécuter dans la circonstance.

Tous les mouvements doivent être subordonnés, bien entendu, à la nature du terrain, car il pourrait se faire que des obstacles empêchassent que le déploiement complet pût avoir lieu sur tel bataillon désigné ; dans ce cas, il faudrait l'opérer sur un autre et laisser en réserve et en colonne ceux que le défaut d'espace empêcherait d'entrer en ligne ; cette réserve se tiendrait assez loin pour que le feu de l'ennemi ne puisse l'atteindre.

On pourrait encore, selon les circonstances, et dans le cas où la colonne serait à distance entière, se former en avant, face en arrière, sur la droite ou sur la gauche en bataille, mouvements plus prompts que les déploiements ; mais on est pas libre, sans danger, d'adopter telle ou telle manœuvre plutôt que telle autre : les circonstances et le terrain commandent impérieusement ce qui doit être fait. Ainsi, dans la supposition d'une colonne à distance entière, et la droite en tête, arrivant en face de la gauche d'une ligne ennemie, le mouvement de se former en avant en bataille, si le terrain permettait aux bataillons de suivre la diagonale, serait plus prompt et moins dangereux qu'un déploiement, dans lequel les bataillons sont forcés de parcourir les deux côtés d'un angle droit opposés à l'hypoténus ; les bataillons se trouveraient d'ailleurs naturellement échelonnés s'ils étaient inopinément chargés par de la cavalerie pendant l'éxécution du mouvement. Si le terrain ne le permettait pas, il faudrait bien employer le déploiement (après avoir serré en masse), qui demande plus de moitié moins de terrain en arrière, ou bien se former sur la droite en bataille, mouvement qui en demande encore moins que le déploiement, qui n'en a pas les inconvénients et qui est aussi plus prompt.

SUR LES CHANGEMENTS DE DIRECTION OU DE FRONT, ÉTANT EN BATAILLE.

Tout changement de direction ou de front étant en bataille, en marche ou de pied ferme, a pour but de faire face à l'ennemi, lorsqu'il se présente sur l'un des flancs de la ligne, car lorsqu'il se présente en arrière il suffit de faire face par le troisième rang.

Il y a plusieurs manières de changer de direction ou de front étant en bataille : 1° par les changements de direction à droite ou à gauche, la ligne déployée étant en marche ; 2° par les changements de front, la ligne déployée étant de pied ferme ; 3° par la formation en avant en bataille, après avoir rompu par pelotons ; 4° par la formation sur la droite ou sur la gauche en bataille ; 5° Pour la formation composée de deux mouvements, en avant et face en arrière en bataille ; 6° par les déploiements, après avoir rompu par division et serré en masse, ou bien s'être formé en colonne serrée et avoir changé de direction. Toutes, excepté la première, demandent des mouvements préparatoires plus ou moins longs ; leur application à la guerre est donc toujours subordonnée au terrain et aux circonstances.

Dans une plaine découverte et non accidentée, en présence d'infanterie et d'artillerie, les changements de direction, en marchant en bataille, doivent être employés de préférence, parce que la ligne offre le moins de prise possible au feu de l'ennemi. Si l'on avait à redouter la présence de la cavalerie il faudrait se ployer en colonne double par bataillon, à demi-distance, afin de pouvoir former les carrés échelonnés.

Si une ligne de bataillons en bataille, de pied ferme, apercevait l'ennemi sur son flanc droit, et que le terrain permît seulement de s'étendre perpendiculairement en avant, il y aurait lieu à l'application d'un changement de front en avant sur le premier bataillon, ou bien il faudrait rompre par pelotons à droite et se former ensuite en avant en bataille. Si le terrain ne permettait pas aux bataillons de se porter en ligne par la diagonale, qui dans ce cas serait le chemin le plus court, il faudrait, après avoir rompu, faire former le premier bataillon en avant en bataille, et les autres sur la droite en bataille; ou bien encore faire rompre la ligne par divisions à droite, serrer en masse et déployer sur le premier bataillon.

Si le terrain ne permettait de s'étendre qu'en arrière de la ligne, il faudrait faire face par le troisième rang et exécuter ce qui vient d'être dit, selon le cas.

Si le terrain n'offrait de place pour se mettre en bataille, dans une direction perpendiculaire à la ligne, que vers le centre de cette ligne, en avant et en arrière, il y aurait lieu à appliquer un changement de front sur l'un des bataillons du centre, ou bien à faire rompre par peloton, et à se former en avant et face en arrière en bataille sur un bataillon du centre; ou bien enfin à faire rompre par divisions, serrer en masse sur le centre, et déployer sur tel bataillon que l'on voudrait, en prenant sa ligne de bataille sur ce bataillon.

Si l'on devait placer la ligne dans une direction perpendiculaire, sur un terrain en avant de son centre, il faudrait faire rompre les premiers bataillons par pelotons à gauche, les prolonger en colonne sur le nouveau terrain, et les y former à droite en bataille; les derniers bataillons rompraient par pelotons à droite et se formeraient sur la droite en bataille à la gauche des premiers, ou bien enfin rompre par divisions à droite, serrer en masse sur le dernier bataillon et déployer sur le premier.

Si au contraire le terrain était perpendiculairement en arrière du centre de la ligne, les derniers bataillons rompraient par pelotons à droite, seraient prolongés sur la nouvelle ligne et y seraient formés à gauche en bataille ; les premiers rompraient par pelotons à gauche, et se formeraient face en arrière en bataille en avant et sur le prolongement des derniers ; ou bien enfin rompre par divisions, serrer en masse sur le centre et déployer sur le dernier bataillon.

Je répéterai ici que, de tous ces mouvements, les plus dangereux devant l'ennemi sont les déploiements ; on ne doit donc les employer que lorsqu'on y est forcé, ou bien lorsqu'on est encore assez loin de l'ennemi pour avoir le temps de les exécuter en toute sécurité.

Voici ce que dit M. le maréchal Marmont sur les déploiements (De l'Esprit des Institutions militaires, page 31) : « *On se déploie, quand on doit* « *recevoir l'ennemi en position et qu'il marche, pour le soumettre à un* « *plus grand feu, autrement il approcherait presque sans péril ; si l'on* « *marche à lui on peut encore être déployé, mais un ordre mixte est pré-* « *férable, c'est-à-dire qu'une ligne peut être composée de bataillons dé-* « *ployés et de bataillons en colonne double. C'est dans cet ordre que la* « *droite et le centre de l'armée française d'Italie ont traversé, en 1797,* « *les vastes plaines de Tagliamento, en présence de l'armée autrichienne.* »

QUATRIÈME CONFÉRENCE.

SUR LES MANOEUVRES A EMPLOYER DANS LES MOUVEMENTS OFFENSIFS.

Cinq manœuvres sont indiquées pour se porter en avant contre l'ennemi, savoir : 1° la ligne de bataillons déployés ; 2° la ligne de bataillons ployés en colonnes simples ou doubles ; 3° les échelons en avançant, soit en bataille, soit en colonne ; 4° le passage des lignes en avançant ; 5° enfin, les colonnes serrées en masse.

Sur un terrain très uni, en présence d'infanterie et d'artillerie occupant une ligne parallèle à la vôtre, c'est la marche en bataille, en ligne déployée qu'il faut adopter, parce qu'on ne présente à l'ennemi que l'épaisseur de ses deux ou trois rangs, selon qu'on adopte l'une ou l'autre de ces formations ; bien entendu qu'il n'est ici question que d'un régiment ou tout au plus d'une brigade, car pour des corps plus étendus, tels qu'une division ou un corps d'armée, il y a diversité de mouvements toujours appropriés au terrain et aux circonstances ; ainsi, tel régiment reçoit l'ordre d'attaquer en bataille, tel autre en colonnes doubles, telle brigade reçoit celui de former les échelons afin de refuser une aile, pour se placer parallèlement à l'ennemi, ou bien pour éviter de marcher sur un point trop inaccessible ou trop bien défendu, etc., etc.

Sur un terrain présentant par-ci par-là des obstacles, tels que : bouquets de bois, enclos, mares, étangs, ravins, fondrières, etc., etc., c'est le cas de faire former chaque bataillon en colonne double, parce que le déploiement s'opérant par les deux ailes à la fois, il y a plus de promptitude, d'ordre et de régularité.

Lorsque la ligne de bataille de l'ennemi est oblique relativement à celle qu'on occupe, l'on peut former les échelons en avançant pour se placer parallèlement à lui ; mais selon moi, la manœuvre en échelons, parfaite lorsqu'on est en colonne par bataillon et que l'on craint la cavalerie, est une manœuvre décousue lorsque chaque bataillon est en bataille devant de l'infanterie et de l'artillerie, à moins d'avoir une très forte ligne de tirailleurs sur les flancs des bataillons, en ce que, si l'ennemi parvient à glisser quelques troupes légères dans les intervalles et à isoler les bataillons entre eux, en même temps qu'ils sont pris en flanc, chacun d'eux ne sait plus dans quel sens agir, et une ligne de bataille sans direction unique est perdue, le désordre doit s'y introduire très promptement ; et qu'on ne dise pas que ces attaques rapides sur les flancs d'une ligne sont impraticables, car il y en a beaucoup d'exemples : le 15 novembre 1812, au passage de la Huebra, près Salamanque, le maréchal Soult, ayant fait poursuivre l'arrière-garde

de l'armée anglaise, un peloton de troupes légères se glissa dans un intervalle et y fit plusieurs prisonniers, entre autres le lieutenant-général sir
Edward Paget, qui commandait en second l'armée anglaise. A la bataille
d'Auerstaedt, le 14 octobre 1806, le colonel d'artillerie Séruzier contribua
puissamment au gain de la bataille par un trait d'audace : tandis que ses pièces paires continuaient à tirer en ligne sur l'ennemi, il se porta avec ses
pièces impaires sur son flanc gauche, et détruisit presque toute son artillerie
sur ce point ; la fumée des pièces restées en position cacha le mouvement,
dont l'ennemi ne s'aperçut qu'au moment où il était écrasé par la mitraille
des pièces impaires.

C'est donc un principe des plus rigoureux, de maintenir sa ligne de bataille intacte, car c'est pour rompre cet ordre, que les efforts les plus éner-
giques se font ordinairement sur les centres, et c'est aussi pour le conser-
ver que les réserves sont convenablement placées et forcées d'agir avec
vigueur ; or, les lignes brisées ou rompues sont les moins favorables.

Si, étant en bataille, l'on se trouvait dans la nécessité de refuser une
aile, il vaudrait mieux exécuter un changement de direction, bien préférable au changement de front lorsqu'on est en présence de l'ennemi, et surtout un changement de front en arrière.

Le passage des lignes en avançant est une bonne manœuvre, lorsque le
nombre des bataillons est tel qu'on ne puisse en déployer que la moitié sur
le terrain du combat ; l'autre moitié forme une deuxième ligne assez éloignée pour n'être pas atteinte par le feu de l'ennemi, et assez rapprochée
néanmoins, pour la remplacer au besoin. Si au contraire le terrain était
plus étendu qu'une ligne, cette manœuvre serait sans objet, et il serait
peut-être même dangereux de l'employer contre un ennemi intelligent,
puisqu'il pourrait vous tourner ou bien ouvrir son centre pour vous laisser
passer, et tomber ensuite sur les flancs d'une ligne. Dans ce cas, celle qui se
trouve en arrière pourrait venir au secours de l'autre ; mais il serait à
craindre que celle-ci ne fût déjà rompue, et que la position des combattants fut telle, que la seconde ligne ne pût faire feu sans atteindre amis
et ennemis. Les exemples de troupes ainsi enveloppées ne sont pas rares
dans nos annales militaires ; ainsi, à la bataille de Nerweinden, le 18 mars

1793, le général Thouvenot fit ouvrir les rangs à son infanterie par deux changements de front en arrière de quelques bataillons du centre de sa ligne; les cuirassiers de Nassau se précipitèrent dans cette ouverture, et y furent accueillis par la mitraille et par la mousqueterie des deux faces, presque à bout pourtant; ils y furent détruits, en grande partie, en un instant.

A Waterloo, les dragons anglais traversèrent successivement trois lignes d'infanterie française qui les laissèrent passer; mais ils trouvèrent deux régiments de lanciers qui les ramenèrent, et tout passage fermé, ils furent aussi presque entièrement détruits. C'est depuis cette époque mémorable que les Anglais ont introduit des lanciers dans leur cavalerie.

Il y a cependant un moyen d'éviter que les lignes soient prises en flanc, c'est de placer un bataillon en potence à chaque extrémité, lesquels suivent la première ligne, rompus en colonne par pelotons, s'arrêtent en même temps que cette ligne, et sont formés promptement à droite et à gauche en bataille, lorsqu'il y a nécessité.

Les colonnes serrées s'emploient lorsque le terrain à franchir est étroit; alors il faut bien en passer par là, quels que soient les moyens de l'ennemi pour s'y opposer; dans ce cas, il est indispensable de les faire précéder par une bonne ligne de tirailleurs, qui facilitent le débouché sur le terrain où il est nécessaire de se déployer. Du reste, les colonnes serrées étant très faciles à manier, on peut, par des changements de direction qui s'exécutent asez promptement, se mettre en mesure de se déployer dans toutes les directions.

SUR LES MANOEUVRES A EMPLOYER DANS LES MOUVEMENTS DÉFENSIFS ET DE RETRAITE.

Pour les retraites comme pour les mouvements offensifs, le terrain doit déterminer les manœuvres à employer, conjointement avec les circonstances; ainsi, il est des cas où il faut disputer le terrain pied à pied : c'est, par exemple, lorsqu'un corps a été battu, et qu'il doit, dans sa retraite, protéger la marche toujours lente d'un parc d'artillerie ou d'équipages considérables. Si le terrain n'était pas disputé, le convoi tomberait infailliblement au pouvoir de l'ennemi. Dans presque tous les autres cas, la retraite est de même motivée par une infériorité de position ou de force, et par un échec dans le combat ; or, le parti le plus sage, c'est de se soustraire le plus promptement possible aux coups de l'ennemi, soit pour prendre une position plus avantageuse, soit pour continuer sa marche rétrograde ; il y a encore les retraites et les déroutes simulées, dans lesquelles on n'observe, à dessein, aucun ordre, et qui doivent s'opérer au pas de course pour augmenter la confiance de l'ennemi.

Pour celles où il faut disputer le terrain pied à pied, il n'est pas indifférent d'y appliquer telle manœuvre plutôt que telle autre ; ainsi, en supposant que le terrain permette de rester constamment déployé, la retraite en échiquier offre le faible avantage de faire rester sur une position la moitié des bataillons, tandis que l'autre moitié s'éloigne pour prendre position à son tour ; mais à côté de cet avantage, il y a des inconvénients tellement graves, qu'ils doivent engager à oublier cette manœuvre ; en effet, pour se décider à l'employer, il faut, ou ignorer les conséquences, ou supposer l'ennemi peu entreprenant, puisqu'il peut lancer dans les intervalles des bataillons qui se portent en arrière, quelques pièces de canon ou quelques pelotons de troupes légères, qui prendraient en flanc les bataillons restés en avant ; l'ennemi pourrait le faire avec d'autant moins de danger, que les bataillons ne peuvent tirer obliquement que sous un angle de 45° avec la ligne que forme leur alignement ; or, entre deux bataillons, il y a un angle de 90°, dont les côtés sont égaux à la longueur du bataillon qui se trouve en arrière, plus ce que donnent deux intervalles ordinaires de bataillon, à peu près 15 mètres, entièrement dégarnis de feux : soit un bataillon de huit pelotons à vingt files=85 mètres de front+15 mètres pour les deux intervalles de bataillon, celui de droite et celui de gauche=100 mètres ; et remarquons bien que la troupe ennemie qui se porterait dans ces intervalles ne recevrait qu'un feu, qui, à 100 mètres au moins, serait peu à redouter. Le temps de recharger suffirait à la troupe assaillante, pour se mettre à l'abri dans l'angle mort. D'un autre côté, les bataillons en avant ne pourraient faire aucun mouvement pour se protéger réciproquement, sans donner prise à la ligne ennemie ; il serait d'ailleurs impossible qu'il y eût accord et simultanéité de manœuvres, de là du désordre. Au reste, voici ce que dit Jomini sur la retraite en échiquier : « *L'ordre déployé en échiquier paraît trop morcellé et trop dangereux, si la cavalerie venait à pénétrer et à prendre les bataillons en flanc.* » Il faudrait, pour défendre les intervalles laissés par les bataillons qui se portent en arrière, des lignes de tirailleurs en avant presque aussi fortes que les bataillons eux-mêmes, ou bien que ces intervalles fussent occupés par de l'artillerie.

Le passage des lignes, en retraite, obligerait à former deux lignes; mais il présenterait autant de monde de front que la retraite en échiquier, et n'en aurait pas les inconvénients, puisque chaque ligne reste pleine et qu'elle peut obéir à un seul commandement, ce qui est très important à la guerre. On serait peut-être exposé à se voir déborder sur les flancs, si la ligne n'avait pas assez d'étendue pour couvrir tout le terrain ; dans ce cas, il vaudrait mieux battre en retraite sur une seule ligne pleine, ou bien mettre des bataillons en potence pour défendre les flancs, comme je l'ai dit à propos des mouvements offensifs.

Il se présente ici naturellement à l'esprit une observation qui a plus ou moins de portée, c'est que les terrains sur lesquels douze bataillons seulement pourraient marcher longtemps en bataille, et exécuter la retraite en échiquier ou le passage des lignes, sont excessivement rares ; les progrès de l'agriculture, la division des propriétés et l'augmentation de la population, ont couvert tous les terrains d'obstacles plus ou moins rapprochés ; d'ailleurs, lorsqu'une bataille se livre dans une plaine, c'est parce qu'il y a beaucoup de cavalerie de part et d'autre, ce qui force à serrer les mouvements, c'est-à-dire à n'employer que des manœuvres propres à résister à cette arme, et je dirai plus loin que la retraite en échiquier et le passage des lignes offriraient de graves inconvénients dans ce cas. Sur les terrains accidentés où elles n'auraient pas à craindre la cavalerie, elles seraient impraticables.

Les échelons en retraite sont une bonne manœuvre, toutes les fois qu'il faut couvrir le terrain en entier, qu'on a à redouter la cavalerie, et qu'il faut refuser une aile ; avantages que n'offrent ni la retraite en échiquier, ni le passage des lignes.

Les échelons obliques sont impraticables devant l'ennemi, à moins qu'on ne soit certain de pouvoir achever cette manœuvre avant d'être attaqué, car il faut quatre mouvements préparatoires avant de les obtenir : 1°. former les échelons directs ; 2° changer de front dans chaque échelon pour prendre l'obliquité, d'après un angle déterminé par le commandant en chef ; 3° rompre en colonne par pelotons et marcher en avant pour décroiser les échelons ; 4° former ensuite chaque bataillon à droite ou à gauche en bataille. Il me semble qu'il serait plus simple, plus prompt et moins dangereux de faire exécuter un changement de direction à la ligne, et de former ensuite les échelons directs qui se trouveraient obliques relativement à la position première.

Au reste, quelle que soit celle des quatre manœuvres indiquées qu'on emploierait, il serait toujours facile de former les carrés obliques, si la cavalerie se présentait inopinément ; tous les bataillons étant déployés, les avantages seraient les mêmes, quant à la formation des carrés seulement, car en les supposant tous dans la nécessité de former le carré étant sur deux lignes, dans la retraite en échiquier comme dans le passage des lignes, et obligés de faire feu tous à la fois, beaucoup de carrés tireraient les uns sur les autres, par le parallélisme de la plupart de leurs faces.

Sur les terrains resserrés où l'on est obligé de tenir tête à l'ennemi pendant que la colonne marche, il faut lui présenter un front égal à la largeur de ce terrain, et assez éloigné du reste de la colonne pour que ses coups n'atteignent que les rangs de l'extrême arrière-garde, et continuer à marcher. Lorsque l'ennemi serre de trop près, il faut s'arrêter, faire demi-tour à droite, lui envoyer un feu d'ensemble bien dirigé, et le charger ensuite à la bayonnette, au pas de course. Lorsque son avant-garde est ainsi repoussée et rompue, l'on reprend sa marche en retraite, l'on charge en marchant, puis on se disperse en tirailleurs. Pendant la charge, les subdivisions qui marchaient par le flanc ou en tirailleurs se réunissent de front pour remplacer celles qui se sont portées contre l'ennemi. et ainsi de suite alternativement. Si l'ennemi avait de l'artillerie et qu'il n'approchât qu'à portée de canon, toute l'arrière-garde se disperserait en tirailleurs, assez rapprochés pour se reformer promptement en ligne si besoin était.

Lorsque les troupes en retraite n'ont point de défilés à franchir, et qu'elles ne sont embarrassées d'aucun convoi de matériel, elles peuvent employer les mêmes manœuvres, mais marcher avec plus de vitesse, soit pour prendre une nouvelle position, soit pour mettre entre elles et l'ennemi la plus grande distance possible, car s'amuser à faire des feux lorsqu'on est beaucoup moins fort ou qu'on est dans une position désavantageuse est du temps perdu, et qui expose à se faire prendre ou à se faire écraser. Il faut bien se mettre dans la tête qu'il n'y a aucun déshonneur à se mettre en retraite lorsqu'on ne peut résister à son ennemi ; il faut donc le faire de manière à lui échapper promptement et à perdre le moins de monde possible.

Il est des cas où l'on peut battre en retraite au pas de course et même en déroute ; c'est lorsqu'on a peu de chemin à faire pour atteindre une bonne position ou pour traverser un défilé ; mais il faut pour cela que les troupes soient exercées à se rallier promptement, face à l'ennemi, derrière des jalonneurs envoyés d'avance par celui qui commande, disposition, au reste, dont il faut prévenir tout le monde avant l'exécution, qui doit avoir lieu à un signal convenu et connu. Cette manœuvre fut employée le 12 mars 1811, dans la retraite de Portugal, par le maréchal Ney : les troupes françaises, vigoureusement poursuivies par les Anglo-Portugais, dix fois plus nombreux, et ne pouvant résister, avaient à passer un défilé de près d'une lieue, partant des hauteurs de Redinha. Le maréchal fit passer le drapeau de chaque bataillon, avec les adjudants et des guides généraux, sous la direction d'un aide-de-camp, qui établit une ligne de bataille à la sortie du ravin. Au signal convenu, ce défilé fut franchi au pas de course, et les troupes se trouvèrent en mesure d'empêcher l'ennemi de déboucher ; elles prirent ainsi l'avantage que l'ennemi avait à l'entrée du défilé. Ces sortes de retraites simulées et même de déroutes ont servi bien souvent à amener l'ennemi sur des terrains désavantageux, où il était battu par un prompt retour offensif qu'il ne prévoyait pas ; la célèbre bataille de Hohenlinden, le 3 décembre 1800, en est un exemple comme ii y en a peu, pour les résultats : le 1ᵉʳ décembre, l'archiduc Jean, qui commandait l'armée autrichienne, forte de 120,000 combattants, ayant repoussé l'armée française au combat d'Ampfing, se crut invincible ; mais Moreau, qui commandait l'armée française, voulant neutraliser la nombreuse cavalerie de son adversaire, feignit de le craindre, en battant en retraite. L'archiduc Jean donna dans le piége, et fut contraint d'accepter la bataille sur un terrain couvert et où sa cavalerie était nulle ; il y perdit, outre un très grand nombre de tués et de blessés, 11,000 prisonniers et 100 pièces de canon. Ce fut aussi par une retraite simulée, et par des dispositions qui annonçaient la crainte, que l'empereur Napoléon inspira une confiance tellement aveugle aux Russes, qu'il les amena sur le terrain d'Austerlitz, le 2 décembre 1805 ; les Russes, dont l'armée comptait 90,000 hommes, tandis que Napoléon n'en avait que 60,000, étaient tellement certains du succès, que toute la crainte du général en chef Kutusow était que l'armée française ne lui échappât par une prompte retraite ; aussi se hâta-t-il de tomber également dans le piége de son adversaire, en faisant faire, à deux portées de canon seulement, un mouvement de flanc pour tourner la droite de l'armée française, ce qui fit dire à Napoléon, placé sur une hauteur : « *Avant demain soir, cette armée est à moi.* » Ce lendemain arriva, en effet, les Russes perdirent 45,000 hommes, tués, blessés ou prisonniers, et 200 pièces de canon.

CINQUIÈME CONFÉRENCE.

SUR LE PASSAGE DES DÉFILÉS EN AVANÇANT ET EN RETRAITE.

Les passages de défilés sont fréquents à la guerre, attendu que les terrains les plus accidentés sont, aujourd'hui que l'infanterie forme la principale force des armées, les plus recherchés pour les combats. Nous ne sommes plus au temps où l'on choisissait une plaine pour combattre, et où chaque armée faisait tranquillement ses dispositions, puis on convenait du jour et de l'heure où le combat commencerait ; on poussait même alors la courtoisie jusqu'à ne pas vouloir tirer le premier, comme à la bataille de Fontenoy, où la maison du roi, en présence de la cavalerie anglaise, dit : *A vous, messieurs les Anglais.*

Les passages de défilé de l'ordonnance sont de bonnes manœuvres, toutes les fois que le terrain et les circonstances permettent de les exécuter, mais cela arrive si rarement, et elles demandent tant de précision pour éviter le désordre, que je crois utile d'indiquer quelques mouvements autres que ceux prescrits.

Il y a des défilés de plusieurs espèces : 1° les ponts sur une rivière non guéable ; 2° les chaussées au milieu de marais impraticables ; 3° les routes traversant les forêts ou les bois ; 4° les routes traversant les villages ; 5° enfin , celles traversant les gorges et les montagnes.

Quelle que soit l'espèce de défilé qu'on ait à traverser, en avançant, il est indispensable de se faire précéder par de nombreux tirailleurs, soutenus par une avant-garde quelconque, et de ne s'y engager que lorsque l'ennemi a été repoussé au-delà de la sortie, et assez loin pour n'y être pas refoulé. Napoléon, pour forcer les défilés de la Brenta, le 6 septembre 1796, n'employa pas d'autre moyen : voulant marcher de Trente, capitale du Tyrol italien, sur Bassano, en poursuivant l'armée de Wurmser, ayant à passer d'affreux défilés au fond desquels coule la Brenta et défendus par une division autrichienne, il envoya la 5ᵉ demi-brigade légère tout entière en tirailleurs sur les hauteurs de chaque côté et le long des deux bords de la rivière, tandis que la 4ᵉ de ligne, formant avant-garde, forçait le passage sur la route : les feux de front et de flanc, en se croisant, obligèrent les Autrichiens à la retraite, et ces défilés, considérés comme infranchissables, furent cependant franchis sans perte de monde pour les Français.

Par la raison que c'est une faute grave de se mettre un défilé ou une rivière à dos, il faut éviter, dans le passage du défilé, en avançant, de se former en bataille immédiatement après la sortie , il faut, au contraire, se porter en avant le plus loin possible, pour éviter d'y être acculé, dans le cas où c'eût été une ruse de l'ennemi de vous y laisser engager ; il est toujours bon, avant de passer un défilé, autre qu'un pont dont les alentours sont découverts, de supposer le cas d'une retraite forcée, et alors le meilleur parti à prendre serait d'employer le moyen du maréchal Ney dans la retraite de Portugal, en 1811, et que j'ai détaillé dans la 4e Conférence, car il est toujours désavantageux de combattre sur un terrain resserré et où l'on est obligé de rester en masse, à moins qu'on n'ait affaire qu'à de la cavalerie. C'est pour avoir commis cette faute, que 30,000 Russes, saisis d'une terreur panique, furent mis en déroute par une division française de 4,000 hommes, au combat de Diernstern, le 11 novembre 1805 (voir la 9e Conférence pour les détails de cette importante affaire). Si les Russes eussent franchi promptement ce défilé, ou bien s'ils eussent attendu la division française à sa sortie, celle-ci n'aurait eu d'autre ressource que de mettre bas les armes.

Lorsque le défilé est un pont, ayant un terrain environnant suffisamment étendu et découvert, ces précautions ne sont pas nécessaires, parce que l'on découvre l'ennemi auquel on a affaire, et les dispositions qu'il prend, soit pour continuer sa retraite, soit pour s'opposer au passage, ce qui détermine suffisamment celles que l'on doit prendre pour le forcer. Si l'ennemi continue sa retraite, poursuivi par l'avant-garde et de nombreux tirailleurs, le passage du pont s'effectue sans obstacles, de même que la formation en bataille pour marcher en avant. Si, au contraire, l'ennemi s'est formé de manière à disputer le passage, il faut, comme je l'ai déjà dit, lancer une nuée de bons tirailleurs soutenus par une avant-garde, et faire passer le tout au pas de course et par fractions éparpillées, comme le fit le général Hugot, au pont de Trillo, sur le Tage, le 31 août 1810 : ce général voulant forcer le pont, défendu des hauteurs en face par des détachements nombreux d'Espagnols, ordonna qu'un sous-officier et dix hommes à la fois le franchiraient au pas de course et divisés. Tout le régiment d'Irlande passa ainsi, malgré le feu de l'ennemi, sans perdre un seul homme, gravit ensuite les hauteurs en tirailleurs et força l'ennemi à s'éloigner.

Quelle que soit la manière dont on franchit un défilé en retraite, il faut se reformer le plus promptement possible à une assez bonne distance en arrière, pour donner à l'ennemi la facilité de faire déboucher une petite partie de son monde ; alors on reprend l'offensive pour écraser cette fraction, sur laquelle on a d'autant plus d'avantage qu'elle peut être attaquée avant d'être formée ; puis on s'éloigne de nouveau pour laisser déboucher une autre fraction qu'on écrase de même.

« *Si le défilé est un pont,* dit M. le maréchal Bugeaud dans ses Aper-
« çus sur quelques détails de la guerre, page 105, *gardons-nous de nous*
« *former, après l'avoir passé en retraite, sur le bord de la rivière,*
« *comme on le voit dans la théorie. Les combats avec une rivière entre*
« *n'aboutissent à rien, si ce n'est à faire tuer beaucoup de monde de*
« *part et d'autre ; et la plus mauvaise manière de défendre un pont ou*
« *un gué est de se placer tout près. L'ennemi réunirait certainement*
« *toute son artillerie sur la rive opposée, et ne tenterait le passage*
« *qu'après avoir écrasé, de ses projectiles, les défenseurs du pont ou du*
« *gué.* »

Pour les passages de défilé en retraite, comme pour ceux en avançant, il est indispensable de faire soutenir la retraite par de nombreux tirailleurs, soutenus eux-mêmes par une bonne arrière-garde pour contenir l'ennemi, et donner ainsi le temps aux autres troupes de s'éloigner et de se reformer lorsqu'elles s'arrêtent en prenant position.

Au reste, quel que soit le passage d'un défilé, en avançant ou en retraite, il est toujours utile de le franchir le plus promptement possible, par la raison bien simple que les troupes ne s'y trouvent pas en position de pouvoir combattre, et qu'il faut sortir de cette gêne au plus tôt ; il faudrait que le défilé fût bien large et peu accidenté pour permettre de le passer sur deux colonnes, comme le prescrit l'ordonnance, et sans désordre. Il vaudrait mieux, je crois, le passer en colonne simple, par la droite ou par la gauche, et au pas de course, d'autant mieux que les ponts et les routes ne donnent jamais passage à plus d'un peloton de front et souvent moins.

Si, par exemple, une colonne simple, par pelotons, de 8 bataillons, en retraite, avait à passer un défilé formé par un pont, la tête de la colonne arrivant au-delà, au point où le commandant en chef voudrait la reformer

en bataille face au défilé, changerait de direction à gauche et marcherait
jusqu'à ce que les quatre premiers bataillons soient entrés dans cette direction, alors ils seraient arrêtés et formés à gauche en bataille ; les quatre derniers bataillons se formeraient face en arrière en bataille, au fur
et à mesure qu'ils arriveraient. Si la gauche passait la première, elle changerait de direction à droite pour être formée ensuite à droite en bataille ;
les quatre premiers bataillons se formeraient de même face en arrière en
bataille. Il n'y a pas de mouvements plus prompts que cela, ni plus sûrs,
lorsque la largeur du défilé ne donne passage qu'à un peloton de front.

Si c'est en avançant, et que la tête de la colonne passe la première,
les quatre bataillons de droite changent de direction à droite pour être
formés à gauche en bataille ; ceux de gauche se forment en avant ou sur
la droite en bataille au fur et à mesure qu'ils arrivent ; si la gauche passe
la première, les mouvements sont inverses.

Les mouvements prescrits par l'ordonnance sont beaux, bien entendus,
et faciles à comprendre sur le papier ; cependant, on a toutes les peines
du monde à les obtenir sur le terrain d'exercice, où les défilés sont mar-
qués par des jalonneurs et où le temps et la réfléxion ne manquent pas ;
que serait-ce donc devant l'ennemi et sur des terrains plus ou moins accidentés, et plus ou moins propres à ces manœuvres ? Il y aurait
nécessairement beaucoup de désordre et aussi beaucoup de lenteur, tandis que, dans une colonne simple, marchant au pas de course par pelotons ou par sections, il y aurait célérité et ordre dans les mouvements,
car jamais ces subdivisions ne peuvent se confondre comme lorsque les
sections sont obligées de former les pelotons dans un ordre inaccoutumé :
la promptitude du pas de course compenserait, dans les colonnes simples,
le raccourci des colonnes doubles.

La supposition que l'ennemi occupe une ligne parallèle à la rivière, si
le défilé est un pont, ou que le terrain permet toujours de prendre une
ligne perpendiculaire au défilé serait au moins hasardée, car il peut se faire
qu'en sortant d'un défilé en avançant, on soit obligé de faire face à droite
ou à gauche ; dans ce cas, la colonne simple aurait un grand avantage,

celui de se former sur la droite en bataille, ou, par inversion, sur la gauche en bataille, en supposant la colonne la droite en tête; or, les formations sur la droite et sur la gauche en bataille sont les plus promptes et les meilleures, en ce que chaque peloton, arrivant sur la ligne, peut commencer son feu dès qu'il est à peu près aligné. Cela vaudrait mieux que de se prolonger en colonne sous le feu de l'ennemi, pour se former ensuite à droite en bataille par inversion, ou bien à gauche en bataille, selon le cas. Toutefois, si l'ennemi n'opposait à la colonne débouchant que de l'artillerie, il vaudrait mieux rester en colonne et se prolonger pour se former ensuite à droite ou à gauche en bataille, parce que les pelotons n'offriraient que le flanc et que la plus grande partie des projectiles passeraient dans les intervalles; tandis que dans les formations sur la droite ou sur la gauche en bataille, il y aurait des troupes en bataille, et derrière elles des colonnes, jusqu'à ce que le mouvement fût achevé, sur lesquelles l'artillerie aurait nécessairement plus de prise. Quand un boulet prend un peloton en flanc, il y fait beaucoup plus de mal que dans une ligne de bataille, cela est vrai ; mais dans une colonne en marche, à distance entière, c'est presque un hasard quand un boulet touche ainsi à cause de la mobilité des pelotons. Si l'artillerie est très-rapprochée, elle tire à mitraille de préférence, et c'est dans ce cas surtout que les pelotons par le flanc ont moins à redouter, parce que la mitraille s'écarte beaucoup, frappe dans les intervalles, et que, si un biscayen touche un homme, il ne va pas plus loin ou rarement ; le boulet, au contraire, peut tuer ou blesser quatre ou cinq hommes.

SIXIÈME CONFÉRENCE.

SUR LES DISPOSITIONS CONTRE LA CAVALERIE.

La nécessité de former promptement l'infanterie en carré, lorsqu'elle est en bataille ou en colonne, s'appuie sur des exemples nombreux ; ainsi, pour n'en citer qu'un, je dirai qu'au combat de Boussu, le 4 novembre 1792, trois bataillons belges, après avoir emporté sur les Autrichiens le village de Thulin, ayant voulu poursuivre les fuyards dans la plaine, furent tout-à-coup chargés par les hussards impériaux, qui prirent quatre compagnies, et qui auraient tout sabré ou pris sans le régiment français des hussards de Chamboran, qui vint à leur secours.

Dans le cas où une ligne déployée se trouve dans la nécessité de se défendre contre la cavalerie, les carrés obliques introduits dans l'ordonnance du 4 mars 1831, 3ᵉ partie, nᵒ 941, sont ce qu'il y a de mieux, quoiqu'il existe une manière de les exécuter plus promptement, car ils demandent des préparatifs encore assez longs. J'ai publié, en 1824, un manuel encyclopédique et alphabétique de l'officier d'infanterie, dans lequel on trouve, au nᵒ 551, une manière de former des carrés obliques et de les déployer qui demande trois fois moins de temps que ceux de l'ordonnance, d'après un essai que j'en ai fait faire, montre à la main, et qui offre absolument les mêmes résultats. Je vais l'indiquer ici, non pour qu'on en fasse usage, puisqu'on ne peut s'écarter de l'ordonnance, mais pour prouver ce que j'avance. Supposons trois bataillons d'infanterie en bataille ; le commandant en chef commande : *Carrés obliques par bataillons* ! A ce commandement, répété vivement, l'adjudant-major et l'adjudant de chaque bataillon se portent en arrière de l'intervalle qui sépare la 2ᵉ division de la 3ᵉ ; ils s'y placent dos à dos et marchent douze pas le long du 3ᵉ rang, l'un vers la droite et l'autre vers la gauche ; ensuite ils marchent douze autres pas perpendiculairement en arrière et placent chacun un jalonneur. L'adjudant-major remonte aussitôt vis-à-vis le même intervalle et marche perpendiculairement en arrière jusqu'à ce qu'il ait parcouru le nombre de pas équivalant à l'étendue d'une division, plus quatre dixièmes en sus, et reste là ; ainsi, en supposant les divisions de quarante files, ce sera 30 pas $+ 12 = 42$, attendu que chaque homme occupe à peu près 50 centimètres dans le rang, et que la perpendiculaire que parcourt l'adjudant-major doit former une diagonale du carré, qui est à peu près de 4/10 plus longue que les faces. Le chef de la 2ᵉ division commande de suite : *2ᵉ division, demi-tour à droite, par division à droite,* MARCHE ! Celui de la 3ᵉ fait les commandements inverses ; ces deux divisions sont remises face en tête et alignées du côté du sommet de l'angle qu'elles forment et contre les deux jalonneurs placés par l'adjudant-major et l'adjudant. Le chef de la 1re division commande : *1re division, par le flanc droit*, A DROITE, *par file à droite*, MARCHE ! et enfin celui de la 4e fait les commandements inverses ; ces deux divisions marchent par le flanc en arrière et se dirigent sur l'adjudant-major en rasant la droite de la 2e division et la gauche de la 3e, de manière à former exactement le carré.

La reformation de chaque carré en bataille est encore plus prompte ; il suffit de commander : *Rompez les carrés !* A ce commandement répété, les adjudants-majors et adjudants placent chacun un jalonneur à distance de division et sur la direction des angles restés sur la ligne de bataille ; chaque 2e division converse à gauche, de pied ferme, au commandement de son chef et est alignée à gauche. Chaque 3e converse à droite et est alignée à droite ; les 1re et 4e font par division demi à gauche et à droite, se portent ainsi de front vers la ligne de bataille, et y sont alignés du côté du centre du bataillon ; il va sans dire que leurs guides jalonnent lorsqu'elles sont arrêtées à trois pas de la ligne de bataille.

Le seul désavantage qu'offrent les carrés obliques ainsi formés, c'est de nécessiter la reformation des carrés en bataille avant de former la colonne, dans le cas où l'on serait forcé de marcher en avant ou en retraite en présence de la cavalerie ennemie ; encore pourrait-on se former en colonne double ; toute la différence, et qui certes serait bien peu de chose dans un cas urgent, c'est que la 2e division serait en tête de la colonne, ou bien la 3e ; que la suivante serait formée des 2e et 5e pelotons, la 3e des 1er et 6e, et la 4e de la 4e division du bataillon. Dans le déploiement de cette colonne double, les pelotons nos 1 et 2 seulement iraient à droite, et les pelotons nos 5, 6, 7 et 8 iraient à gauche ; ce serait l'inverse si la colonne double avait en tête la 3e division.

Les carrés obliques, quelle que soit la manière de les former, offrent des feux croisés qui rendent leurs abords dangereux pour la cavalerie ennemie. D'un autre côté, trois carrés valent mieux qu'un, en ce que, si l'un d'eux est enfoncé, les hommes qui peuvent s'échapper trouvent un refuge dans les deux autres, tandis que s'il n'y en a qu'un et qu'il soit enfoncé, tout est sabré ou pris. A l'appui de cette opinion sur la préférence qui doit être accordée aux petits carrés sur les grands je vais citer celle de M. le maréchal Bugeaud sur le même objet :

« *En étendant les faces d'un carré* (dit cet officier-général, dans ses
« Aperçus sur quelques détails de la guerre, page 109), *si l'on augmente*
« *son feu, l'on augmente aussi, dans la même proportion, le nombre*
« *de ses ennemis.*

« *Un carré de trois mille hommes n'est donc pas plus fort qu'un*
« *carré de mille hommes ; il serait donc bien inconséquent de former*
« *trois mille hommes en un seul carré. Divisés en trois ou quatre, ils*
« *courent bien moins de chances défavorables ; voici sur quoi je me*
« *fonde : un grand carré est aussi bien enfoncé qu'un petit, et on risque*
« *tout d'un seul coup.*

« *Plusieurs carrés se protégent mutuellement ; ils forment un sys-*
« *tème de redoutes ; si l'un des carrés est renversé, la charge est par*
« *cela même brisée, et les efforts de la cavalerie sur le carré suivant*
« *sont moins bien ordonnés, et, partant, moins à craindre,*

« *Une autre considération, qui s'applique aux carrés combinés*
« *comme aux carrés isolés, c'est qu'en présentant de très-petites faces,*
« *les chevaux, qui craignent de passer sur ces globes de feu, ont le*
« *temps d'obliquer à droite ou à gauche pour les éviter ; si la face est*
« *étendue, ils ne le peuvent pas, et de force ils en choquent une par-*
« *tie. Plus les carrés sont petits, plus les intervalles sont multipliés,*
« *et plus sont grandes les chances de succès.* »

D'après ce, les plus petits carrés sont évidemment les meilleurs, et le moyen de les rendre plus petits et plus forts, eût été l'adoption des carrés doubles, employés en Egypte avec tant de succès, pour les cas seulement où ces carrés n'auraient à redouter ni artillerie ni fusillade ; car s'il est vrai qu'en diminuant ses faces en longueur on diminue le nombre de ses ennemis, il est aussi très vrai qu'en les doublant en profondeur on augmente beaucoup son feu, attendu que lorsque la cavalerie est sur les bayonnettes, les deux derniers rangs peuvent très bien tirer sur les cavaliers, à la tête ou même à la poitrine, sans qu'il puisse arriver d'accidents pour les deux premiers rangs, surtout si le premier met un genou en terre avec son fusil en arc-boutant, la bayonnette en avant, et si le second baisse un peu la tête en croisant la bayonnette. Mais pour cela il faudrait que la troupe fût sur deux rangs au lieu de trois, question qui a été longtemps agitée et résolue en faveur de la dernière formation, c'est-à-dire sur trois rangs, et qui au fond est la meilleure, en ce qu'elle répond à tout : les carrés simples, par bataillon, sont promptement formés et n'occasionnent jamais autant de désordre que les carrés doubles, surtout pour la reformation des colonnes pour marcher en avant ou en retraite, et si les carrés doubles ont résisté à la nombreuse et bonne cavalerie égyptienne, les carrés simples sur trois rangs ont également résisté à la cavalerie des alliés, dans les batailles d'Auerstadt, de Lutzen, de Bautzen, de Lezpsick et autres, encore l'infanterie de l'armée, dans la plupart de ces batailles, n'était-elle pas aussi aguerrie, à beaucoup près, que celle de l'armée d'Égypte, puisqu'elle n'était composée que de jeunes conscrits qui voyaient le feu de l'ennemi pour la première fois.

Si des bataillons en colonne par division, à demi-distance, doivent former chacun un carré, il faut les échelonner à la distance convenable, ainsi que cela est indiqué dans l'ordonnance, 3e partie, n° 939.

Si la colonne était serrée en masse, elle pourrait former la colonne contre la cavalerie indiquée par l'ordonnance, 3e partie, n° 925 ; cette manœuvre, simple et prompte, produit un carré très fort, en ce que les portions de pelotons qui se trouvent en trop pour fermer les intervalles sont autant de réserves qui appuient les faces et qui peuvent fournir des tirailleurs à l'extérieur. C'est, bien certainement, l'une de nos meilleures manœuvres contre la cavalerie, si ce n'est pas la meilleure ; car elle offre deux avantages bien grands : promptitude dans la formation et force dans la constitution ; toutefois, il faudrait se hâter de l'abandonner contre une cavalerie soutenue par de l'artillerie.

En manœuvres, il ne faut pas être exclusif en rejetant les grands carrés définitivement pour l'adoption des petits, puisqu'il peut se présenter des circonstances où l'on soit forcé de les employer ; d'ailleurs, les exemples de grands carrés qui ont résisté à l'ennemi ne sont pas rares : le 16 avril 1799, à la bataille du Mont-Thabor, en Égypte, Kléber, avec deux mille hommes d'infanterie seulement, forma deux carrés, dont les faces, par une mauvaise disposition, étaient parallèles ; il résista néanmoins une partie de la journée à trente mille hommes de cavalerie. Après plusieurs charges, il réunit ses deux carrés en un seul, au centre duquel il fit placer tous ses équipages. Au bout de six heures de combat, pendant lesquelles l'ennemi fit des efforts inouïs, Kléber fut secouru par le général en chef Bonaparte, qui, avec deux autres mille hommes et huit pièces de canon, forma également deux carrés, qu'il disposa de manière que les trois ensemble formaient un triangle équilatéral, au centre duquel la cavalerie ennemie se trouva enveloppée ; elle y perdit six mille hommes, et le reste s'échappa dans toutes les directions.

Au combat d'Amberg, le 24 août 1796, deux bataillons de la 23ᵉ demi-brigade formèrent un seul carré contre lequel vinrent échouer plusieurs charges de la cavalerie autrichienne ; à chaque charge, le feu du carré jonchait la terre de cadavres d'hommes et de chevaux. L'obstacle devint tel, que les Autrichiens employèrent l'artillerie pour se frayer un passage, achevant ainsi leurs propres blessés ; mais alors, le carré fut enfoncé par une charge de cuirassiers, à cause des vides qu'avait faits le canon dans ses rangs.

Lorsque la cavalerie masque de l'artillerie, les carrés ne doivent pas rester en place, ils forment la colonne pour gagner une position qui leur soit plus avantageuse. Si la cavalerie les charge, les colonnes s'arrêtent et reforment promptement les carrés. Je ne sais si l'on doit approuver la suppression de la marche en carré, surtout lorsqu'on est en plaine et harcelé par de la cavalerie et par de l'artillerie ; il est certain que cette marche peut s'exécuter avec assez de régularité sur un terrain non accidenté, et qui est précisément celui où l'artillerie et la cavalerie sont le plus à craindre. La colonne à demi-distance offre plus de prise aux projectiles, et le carré qu'elle forme promptement après avoir été arrêtée, n'est pas plus régulier que le carré qui a marché, qui s'est arrêté et dont les deux faces latérales ont fait front. Dans l'un comme dans l'autre cas, il est indispensable de rectifier l'alignement des faces, et de veiller à ce qu'il n'y ait pas d'ouverture. D'un autre côté, le mouvement de reformer la colonne étant en carré, n'est pas praticable en présence de la cavalerie, ce qui obligerait à rester longtemps dans une fâcheuse position. J'avoue que, le cas échéant, je n'hésiterais pas à marcher en carré, ainsi que le fit le général Taupin, alors chef de bataillon, à Marengo, avec un bataillon du 28e de ligne; il marcha longtemps et ne fut pas entamé.

Je suis convaincu, par expérience, que le meilleur moyen de résister à la cavalerie, c'est de l'attendre sans tirer, et de ne commencer le feu que lorsqu'elle est tellement près que l'homme le plus troublé et le plus maladroit, ne puisse manquer un ennemi; alors chaque coup tue ou blesse un homme ou un cheval, quelquefois les deux ensemble, et la cavalerie, considérablement réduite, est forcée à la retraite pour éviter une ruine totale. Si, au contraire, l'on commence le feu trop tôt, il produit peu d'effet, les chevaux ont peur et s'animent, la fumée leur masque les carrés; ils arrivent dessus sans les voir et résistent aux bayonnettes; toutefois si la cavalerie est armée de lances, ou de fusils, comme les Arabes, il est bon de commencer le feu lorsqu'elle est encore à 15 ou 20 mètres. Il serait imprudent de la laisser arriver sur les bayonnettes, attendu que la lance dépasse la tête du cheval de deux ou trois mètres et qu'elle pourrait mettre tout d'abord beaucoup d'hommes hors de combat, qui, en faisant des vides dans les rangs donneraient entrée dans le carré; il en serait de même de la cavalerie armée de fusils. Quant à celle qui n'est armée que de sabres, on peut et on doit toujours la laisser approcher sans tirer. Le 27 février 1814, au combat de Bar-sur-Aube, un bataillon du 28me de ligne, dont j'étais l'adjudant-major, et qui était composé de recrues n'ayant jamais fait l'exercice, fut laissé à la gauche de la brigade, commandée par le général Chassé (1), chargée d'enlever une position en face et au nord de la ville; comme nous découvrions la cavalerie ennemie de très loin, lorsque nous fûmes arrivés sur le plateau formant la position, je donnai l'idée

(1) Le même qui a défendu la citadelle d'Anvers.

au capitaine Ferouillet, vieil et brave officier qui avait fait la campagne d'Égypte, et qui commandait le bataillon par intérim, de le former en carré, en plaçant chaque homme à la position, la bayonnette croisée, et avec la recommandation de ne pas bouger, quelque chose qui arrive. A peine eûmes-nous fini, à l'aide des officiers, des sous-officiers et des caporaux, qui étaient tous d'anciens militaires, que la brigade fut ramenée en désordre, passa à droite et à gauche de notre carré sans l'entraîner et nous mit presque aussitôt en présence de deux escadrons de chasseurs bavarois, qui s'arrêtèrent sur nos bayonnettes, et cherchèrent inutilement à pénétrer dans le carré. Au bout de quelques secondes, et dans la crainte sans doute de nous voir commencer le feu, à bout portant, cette cavalerie fit demi-tour et s'en fut ; mais voyant que nous ne tirions pas, elle crut que nous n'avions pas de cartouches et revint à la charge, cette fois encore jusques sur nos bayonnettes. Alors le sergent-major de grenadiers reçut l'ordre de tirer sur un chef d'escadron, qui, avec la lame de son sabre écartait les bayonnettes et voulait se frayer un passage ; ce coup de feu équivalut à un commandement, tous les serre-files, les caporaux et quelques soldats qui, dans leurs foyers, s'étaient quelquefois servi d'un fusil, firent feu également ; quelques cavaliers tombèrent tués ou blessés et le reste disparut une seconde fois pour ne plus revenir.

A la bataille d'Iéna, Ney arrivait avec 3,000 hommes, infanterie et cavalerie (hussards et chasseurs) et se trouva en présence d'une masse de cuirassiers prussiens auxquels la cavalerie légère ne put résister ; il fit former deux carrés à deux bataillons, l'un de grenadiers et l'autre de voltigeurs, et entra dans l'un des deux ; « *il laisse,* dit l'historien Thiers, « *approcher les cuirassiers ennemis à vingt pas de ses bayonnettes et* « *les terrifie par l'aspect d'une infanterie immobile qui a réservé ses* « *. feux. A son signal, une décharge à bout portant couvre le terrain de* « *morts et de blessés. Plusieurs fois assaillis, ces deux bataillons de-* « *meurent inébranlables.* »

Au combat de Cerff-Fontaine, le 29 septembre 1793, un carré d'infanterie républicaine fut chargé par plusieurs escadrons Autrichiens ; on les laissa arriver jusques sur les bayonnettes ; alors ils reçurent, à bout portant, un feu de deux rangs qui en mit promptement un tiers hors de combat ; le reste fut forcé de s'éloigner.

Une journée mémorable, celle d'Héliopolis, en Égypte, le 20 mars 1800, vient encore à l'appui de cette opinion, d'attendre la cavalerie sans tirer : 10,000 hommes, dont 8,000 à peu près d'infanterie, commandés par Kléber, en ont battu complétement 70 à 80,000, presque toute cavalerie. Kléber fit former quatre carrés qui formaient chacun un angle d'un grand carré, ayant sa cavalerie au milieu et l'artillerie répartie dans les inter-vâlles ; on attendit l'ennemi à bout portant et le feu qu'il reçut fut si meurtrier, que tout au tour la terre était jonchée d'hommes et de chevaux, blessés ou morts, qui gênaient les mouvements des cavaliers qui se trou-vaient en arrière et qui venaient à leur tour tomber sous nos balles et sous notre mitraille. Cette armée égyptienne, huit fois plus nombreuse que celle de Kléber, fut presque entièrement détruite ; tout ce qui échappa se dispersa dans le désert et dans toutes les directions.

A 44 ans de là, une autre armée africaine s'anéantissait encore sous la puissance de nos carrés d'Isly, mieux disposés que ceux d'Héliopolis, avec cette différence que l'armée de Kléber était composée de corps tirés de celle d'Italie, les plus vieux et les plus braves soldats du monde, que les carrés étaient doubles et que l'immense cavalerie qui les entourait char-geait à fond, tandis qu'à Isly, nos plus vieux soldats n'avaient que quatre ou cinq ans de service et beaucoup moins d'expérience ; mais les carrés de M. le maréchal Bugeaud, par bataillon, habilement disposés en cra-mayère, formaient un grand carré dont tous les feux étaient croisés et qui tinrent constamment la cavalerie marocaine en échec. Il est encore vrai de dire que cette cavalerie, armée de mauvais fusils, ne charge jamais à fond, ni avec ensemble ; chaque cavalier s'approche à portée de fusil, lâche son coup et se sauve en arrière pour recharger ; opération qui lui demande d'autant plus de temps qu'il amorce et charge avec une poire à poudre.

C'est ici le lieu d'examiner s'il n'eût pas été bon d'adopter le feu par rang. Supposons un carré chargé par des lanciers et accueillis par un feu de deux rangs , la fumée s'entretenant sur tout le front, les chevaux se jettent sur les bayonnettes sans les voir, et le feu ne pouvant être assez nourri, il reste à un ennemi acharné assez de lances pour blesser beaucoup d'hommes et former des ouvertures dans les faces ; dans le feu par rang, au contraire, la fumée disparaît comme s'il n'y avait qu'un coup, et démasque les faces. A très petite portée, toutes les balles portent et simultanément ; ce feu commence par le 3me rang, dont les bayonnettes sont presque inutiles ; il peut être suivi par celui du 2me rang. Pendant ce temps le 3me recharge. Le 1er rang croise la bayonnette, et peut faire feu dans cette position, lorsque les bayonnettes touchent les chevaux. En un mot, le feu d'un rang à 20 mètres fait autant de mal à l'ennemi qu'un feu de bataillon à 60 mètres, avec cette différence que le premier a toujours le feu de deux de ses rangs en réserve et que le second n'a plus rien.

Je ne terminerai pas cette conférence sans dire encore un mot sur ce que les soldats d'un carré enfoncé ont à faire : j'ai déjà dit que, dans ce cas, ils chercheraient à rejoindre un autre carré ; mais comme c'est une opération assez difficile, au milieu d'une cavalerie triomphante et débandée, le plus sûr serait de s'agglomérer par 3, 4, 8, 10, etc. , et de se placer dos à dos en croisant la bayonnette, comme les tirailleurs d'infanterie chargés par la cavalerie ; car du moment qu'un carré est enfoncé, chaque homme devient un tirailleur et doit veiller à sa sûreté personnelle par tous les moyens possibles, même en se jetant à terre, à plat ventre, parce qu'il est reconnu que les chevaux sautent par dessus les corps. Le 1er bataillon du 4me régiment de ligne en fit l'expérience à Austerlitz, et dut son salut à cette manœuvre.

L'escrime de la bayonnette devient d'une nécessité absolue pour les hommes d'un carré enfoncé ; elle leur donne les moyens de se défendre longtemps et avec avantage. Si, à Waterloo, les soldats d'infanterie du 1er corps eussent été familiarisés avec cette escrime, il n'y en aurait pas eu autant de sabrés par les dragons anglais.

SEPTIÈME CONFÉRENCE.

SUR L'EMPLOI DES TIRAILLEURS DEVANT L'ENNEMI.

L'utilité des bons tirailleurs devant l'ennemi est incontestable, et on peut hardiment avancer qu'ils sont indispensables dans tous les cas.

Dans les mouvements offensifs, ils éclairent la marche des colonnes et celle des lignes déployées, font évacuer par l'ennemi le terrain à parcourir, en même temps qu'ils lui font éprouver des pertes considérables. Dans les mouvements défensifs et de retraite, ils ne cèdent le terrain que pied à pied, et donnent le temps aux colonnes ou aux lignes de s'éloigner sans être inquiétées : ils protègent également les flancs des colonnes.

L'ordonnance du 4 mars 1831, sur les manœuvres, fixe à 50 pas la distance qu'il doit y avoir entre un carré et ses tirailleurs, lorsqu'il en fait sortir. Cette distance est évidemment trop petite, et des tirailleurs placés ainsi seraient plus nuisibles qu'utiles, en ce que la cavalerie ennemie pourrait s'approcher plus facilement des faces du carré, qui, ayant des tirailleurs en avant d'elles, ne pourraient rien faire jusqu'à ce qu'ils soient rentrés. Cet inconvénient aurait de la gravité en présence de cavaliers armés de fusils, comme les Arabes, qui pourraient impunément venir faire des décharges, ou bien contre des lanciers, qu'il est bon de ne pas laisser approcher trop près, comme je l'ai dit dans la 6ᵐᵉ conférence. Je crois, au contraire, que, dans tous les cas, il faut que les tirailleurs soient assez nombreux pour être constamment à 200 ou 300 mètres en avant, en arrière ou sur les flancs de la troupe qu'ils protègent, pour empêcher les projectiles de l'ennemi d'arriver jusqu'à cette troupe, et pour se défendre contre la cavalerie, s'ils étaient chargés inopinément. C'est ainsi qu'une compagnie de grenadiers du 22ᵐᵉ régiment de ligne, commandée par le capitaine Gouache, fut enveloppée par deux escadrons de cavalerie Anglaise, le 30 juin 1840, à Marialva (frontière de Portugal) ; cette compagnie, qui avait à peu près 80 hommes, se réunit en un cercle, et soutint pendant deux heures un combat inégal, dans lequel les Anglais, après trois charges successives, laissèrent 20 hommes et 20 chevaux sur le champ de bataille, sans compter les blessés, qui disparurent, tandis que la compagnie ne perdit pas un seul homme. Si, au lieu d'une compagnie, l'on se fût contenté d'envoyer une section en tirailleurs, cette section aurait probablement été enlevée.

Il faut, pour les tirailleurs, beaucoup plus de discernement que pour les autres soldats, car il s'agit bien moins pour eux de montrer leur valeur que de se garantir des coups de l'ennemi, tout en lui faisant le plus de mal possible. Les bons tirailleurs ne tirent qu'à coup sûr ; ils choisissent de préférence les réunions d'hommes, si petites qu'elles soient, parce qu'il y a plus de chances de toucher ; ils profitent de tous les accidents du terrain et des choses qui le couvrent pour se mettre à couvert ; ils se mettent dans un trou, dans un fossé, derrière une haie, un buisson, un arbre, un mur, une maison, sur la lisière d'un bois, et même ils se couchent lorsque le terrain est trop découvert, et s'habituent à charger et à tirer dans cette position.

Les officiers qui commandent les tirailleurs ont deux choses essentielles à observer : 1° de faire le plus de mal possible à l'ennemi ; 2° de couvrir constamment la troupe qu'ils protègent ou qu'ils éclairent, quels que soient les mouvements de cette troupe. Ainsi, lorsqu'un peloton protège un bataillon, il doit se déployer à la distance convenable et en raison de l'étendue de ce bataillon ; s'il appuie à droite, les tirailleurs doivent appuyer à droite, à gauche s'il appuie à gauche, avancer s'il avance, et se mettre en retraite s'il marche en arrière.

Monsieur le Ministre de la Guerre, par une circulaire en date du 2 octobre 1845, s'est plaint de ce que les officiers et sous-officiers des régiments comprennent mal l'école des tirailleurs, et semblent agir, dans les manœuvres, comme s'ils opéraient isolément, et sans se rendre compte des mouvements de la troupe qu'ils sont appelés à couvrir. Cela est aussi rigoureusement vrai, que l'application des manœuvres à la guerre est généralement peu étudiée ; il faut dire aussi qu'aucune instruction spéciale n'existe à cet égard ; tout cela est traité plus ou moins bien dans des conférences expliquées par le colonel ou par le lieutenant-colonel, d'où il résulte que ces matières ne sont pas bien comprises partout, et que, dans les trois quarts des corps, les conférences ordonnées sont tout bonnement les théories ordinaires. D'un autre côté, il y a peu de terrains libres, en France, qui permettent de faire manœuvrer seulement trois bataillons à la fois, et de faire exécuter aux tirailleurs ce qu'ils seraient appelés à faire devant l'ennemi. Les manœuvres ne peuvent pas être consécutives par l'exiguité du terrain : supposons les trois bataillons d'un régiment en bataille, sur la place du Champ de Mars de Rouen (1), laquelle forme un quadrilatère irrégulier ayant 300 mètres d'un côté, 330 d'un autre, 205 d'un troisième et 128 seulement d'un quatrième, et ces bataillons, couverts par chacun un peloton en tirailleurs, pour un mouvement offensif ; dès que les bataillons ont parcouru la moitié du terrain, c'est-à-dire lorsqu'ils ont fait 150 pas, les tirailleurs, n'en ayant plus pour avancer, se trouvent beaucoup trop rapprochés de la ligne, si l'on fait exécuter aux bataillons un changement de direction, à droite ou à gauche, en supposant que l'ennemi se présente dans l'une ou l'autre de ces directions, il manque de la place pour la moitié des bataillons et pour la moitié des tirailleurs ; de plus, les tirailleurs suivant le mouvement (par une marche de flanc ils ne pourraient le faire autrement), n'ont aucune place pour se porter en avant dans la nouvelle direction, et restent collés au 1er rang des bataillons. Il en est de même pour toutes les manœuvres où l'on doit faire sortir les tirailleurs ; ils ne prennent qu'une idée bien imparfaite de ce qu'ils devraient faire devant l'ennemi, et pourtant, la place du Champ-de-Mars de Rouen est l'un des plus beaux terrains dont un régiment puisse disposer en France. Il y a bien, pour les officiers, les démonstrations au tableau de mathématiques ; mais combien y a-t-il d'officiers d'infanterie, même parmi les colonels et les lieutenants-colonels, capables de bien démontrer ? Et combien y en a-t-il, parmi les autres, capables de bien concevoir de cette manière ? Très peu assurément.

Tous les soldats, c'est-à-dire toutes les compagnies indistinctement, peuvent aujourd'hui être appelés au métier de tirailleurs ; ce serait un in-

____

(1) Cette conférence a été écrite à Rouen, en 1846.

convénient si l'application de nouveaux principes de tir n'était générale dans l'armée, et si les progrès n'étaient pas réels ; néanmoins, je crois qu'il serait bon de ne composer les compagnies de voltigeurs que d'hommes mettant habituellement cinq balles sur six, dans la cible, à cent mètres. Chaque bataillon aurait ainsi une compagnie, habituellement appelée à aller en tirailleurs, sur laquelle il pourrait compter. Je dis habituellement appelée, parce que c'est la destination des voltigeurs, comme étant placés à la gauche du bataillon. Dans les grands carrés de régiment, ces compagnies faisant partie des 4ᵉˢ divisions, se trouvent en réserve (deux sur trois), et sont envoyées en tirailleurs lorsqu'il y a nécessité. Le placement aux voltigeurs devrait avoir lieu pour les bons tireurs, nageurs, agiles et forts, quelle que soit leur taille et leur ancienneté de service, pour éviter de laisser dans les autres compagnies, destinées à faire des feux d'ensemble et de deux rangs, des hommes qui rendraient les plus grands services en tirailleurs. Il ne faut pas croire que tous sont susceptibles d'acquérir la même justesse dans le tir, l'expérience nous démontre chaque année que les différences peuvent être très grandes ; ainsi des compagnies ont atteint un pour 0/0 de 70, tandis que d'autres, dans les mêmes conditions et exercées absolument de même, n'ont pu arrriver qu'à 20 pour 0/0, à cent mètres.

L'importance que l'on doit attacher aux bons tirailleurs est tellement grande, qu'eux seuls parviennent souvent à décider, sans perte de monde pour leur parti, des affaires qui seraient très-meurtrières s'il fallait les décider avec des troupes en ligne ; c'est surtout dans les petits combats, si fréquents à la guerre, pour la défense ou l'enlèvement d'un pont, d'un gué, d'un défilé, d'un village, etc., etc., qu'ils rendent les plus grands services. Ainsi, le 19 juin 1800, au passage du Danube, un adjudant, nommé Guenot, se jeta à la nage, sous une grêle de balles, pour aller de l'autre côté détacher deux nacelles, qu'il amena, et qui servirent à mettre les habits, les armes et les munitions d'une troupe de nageurs de la brigade Gudin, lesquels traversèrent le Danube à la nage, suivis par les deux nacelles. Arrivés sur la rive ennemie, ils s'emparèrent seulement de leurs armes, fondirent sur les Autrichiens qui défendaient le passage et leur enlevèrent deux pièces de canon ; ensuite ils se portèrent rapidement aux ponts de Bleindheim et de Greneheim, qui n'étaient qu'imparfaitement détruits, aidèrent à placer des madriers sur les coupures, et facilitèrent ainsi le passage de l'armée de Moreau, sans aucune perte du côté des Français.

Le 29 octobre 1812, le pont de Tordesillas, sur le Duero, fut forcé : l'armée anglaise, dans sa retraite sur le Portugal, avait rompu ce pont de manière qu'une tour bâtie dessus était restée de leur côté et mettait à couvert un détachement de trente hommes, qui s'opposaient efficacement au rétablissement du pont. Le capitaine Guingret (1), onze officiers et quarante sous-officiers et soldats, dont les armes, les munitions et les vêtements furent mis sur une espèce de radeau, traversèrent le fleuve à la nage, tout en essuyant une vive fusillade, combattirent nus, s'emparèrent de la tour, et y firent onze prisonniers.

Les défilés de la Brenta furent franchis, le 6 septembre 1796, par le seul emploi des tirailleurs, quoiqu'ils fussent défendus par une division autrichienne, ainsi que je l'ai expliqué dans la 5e Conférence.

A la bataille de Pozzolo, le 25 décembre 1800, le chef de brigade Mâcon, avec un certain nombre de tirailleurs, passa le Mincio à la nage, débusqua les postes autrichiens qui se trouvaient sur la rive gauche de cette rivière, et facilita ainsi l'établissement d'un pont.

Enfin, et pour terminer les citations, qui pourraient être très nombreuses, le 20 mai 1813, au combat de Bautzen, les voltigeurs de la division Compans firent irruption en tirailleurs par les rochers qui se trouvaient au pied des retranchements dont la ville était couverte, s'emparèrent d'une batterie avancée, escaladèrent les remparts et entrèrent dans la place. Cette action contribua puissamment au gain de la bataille de Bautzen, qui eut lieu le lendemain, en permettant à Napoléon de prendre de meilleures dispositions que s'il n'eût pas été maître de la ville.

____

(1) Mort à Paris, maréchal-de-camp, en 1845,

Aujourd'hui, toutes les armées de l'Europe ont leurs tirailleurs exercés et instruits d'une manière spéciale. Nous avons, nous, les chasseurs d'Orléans ; mais les dix bataillons existants seraient bien insuffisants, dans le cas d'une guerre européenne ou seulement contre une puissance du premier ordre. Une compagnie de tirailleurs choisis, par bataillon, complèterait cette lacune dans l'organisation de notre armée.

Les écoles de tir nouvellement créées, et les soins que l'on donne à cette partie dans les corps, font espérer d'immenses résultats, en ce que tous les soldats, bons tireurs, rentreront dans la population et y propageront les principes du tir ; mais il faudrait qu'à l'instar des Tyroliens, des Suisses, etc , etc., chaque canton fît les frais de quelques prix qui seraient gagnés à certaines époques de l'année, telles qu'à la fête du Roi, aux journées de Juillet et aux fêtes patronales, par les meilleurs tireurs à la cible, jusqu'à vingt-cinq ans seulement. Cette mesure étant ordonnée et générale, amènerait nécessairement dans les corps des recrues déjà familiarisées avec le tir ; c'est au reste un amusement qui a de l'attrait pour la jeunesse, peu dispendieux, et qui pourrait, dans l'avenir, contribuer puissamment au succès de nos armes.

Dans tous les mouvements offensifs, les lignes déployées, ou bien ployées en colonnes doubles, ou serrées en masse par division, doivent toujours être précédées d'une ligne de tirailleurs, à raison d'une compagnie par bataillon ; c'est pour avoir négligé cette précaution élémentaire du métier, que le général Girard fut entièrement défait à la bataille d'Albuera, ainsi que je l'ai expliqué dans la 1ʳᵉ Conférence. C'est aussi pour avoir négligé de se faire éclairer par des tirailleurs, qu'un convoi considérable, parti de Vittoria dans les derniers jours de 1812, fut pris dans le défilé de Salinas, par les guérillas de Mina, et entièrement pillé. L'escorte fut massacrée.

Dans tous les mouvements de retraite, quel qu'en soit l'ordre, l'on doit également faire couvrir sa marche par une ligne de tirailleurs.

Dans l'un comme dans l'autre cas, offensive ou défensive, les tirailleurs doivent être pris de préférence aux extrémités des bataillons déployés ou à la queue des colonnes, ce qui revient presque toujours aux voltigeurs, pour éviter de laisser des vides qui causent ordinairement du désordre; l'on doit aussi les faire rentrer, par les batteries ou sonneries adoptées, toutes les fois que l'ennemi s'est tellement rapproché, qu'il est urgent de faire usage de son feu sur lui. De leur côté, les tirailleurs doivent se retirer par les intervalles des bataillons, et démasquer, le plus promptement possible, le front des troupes, afin de ne pas paralyser leurs feux. Les plus près de la droite de leur bataillon se retirent par la droite; les plus près de la gauche, par la gauche, et tous, par une marche parallèle au front, comme étant la plus prompte; car une fois les tirailleurs placés vis-à-vis un intervalle, ils peuvent continuer leur feu, tout en se retirant, et garder ainsi ces ouvertures, par lesquelles l'ennemi pourrrait faire entrer quelques troupes légères. Les bataillons tirant perpendiculairement devant eux, ne sont point exposés à atteindre leurs tirailleurs dès qu'ils sont devant les intervalles qui les séparent.

Les bons tirailleurs ne sont pas seulement utiles dans les mouvements offensifs et de retraite, on en tire encore un très bon parti en dehors des carrés et dans les sièges. Dans le premier cas, ils ne doivent pas être à plus de 300 mètres du carré, et, lorsqu'ils sont forcés de se retirer, ils doivent se placer de préférence vis-à-vis les angles, qui, étant dégarnis de feux, se trouvent ainsi renforcés. Par ce moyen, les tirailleurs peuvent rester en dehors jusqu'à ce que la cavalerie ennemie les force à rentrer dans le carré; alors seulement c'est par les angles qu'ils y rentrent et un à un, tout en faisant face à l'ennemi dans l'angle mort; cette face diminue progressivement, au fur et à mesure que les hommes rentrent, et suit la décroissance de l'angle. Ce mouvement me paraît bien préférable à leur rentrée dans la colonne avant la formation du carré; mais il faut pour cela que les tirailleurs soient bien exercés à se placer promptement dans l'angle, entre les deux lignes de feux, à une batterie ou sonnerie quelconque. Dans le second cas, ils peuvent rendre les services les plus éminents étant placés dans les monuments qui dominent les batteries des assiégeants, ou bien dans des trous de loup, sur le bord de la *contrescarpe*, s'ils sont assiégeants. Dans l'une comme dans l'autre position, ils tuent ou blessent les canonniers ennemis. C'est ainsi qu'au siége de Cuidad-Rodrigo, en juin 1810, des tirailleurs choisis furent placés pour tirer sur les canonniers espagnols dans les embrasures et parvinrent à faire taire leur feu, qui était très meurtrier, les canonniers n'osant plus se montrer après qu'il y en eût eu un grand nombre de frappés; ces tirailleurs placés dans des trous de loup, n'avaient qu'une très petite partie de la tête à découvert, tandis que leurs fusils appuyés sur le bord du trou, et constamment dans la direction des embrasures, y portaient les balles avec une justesse desespérante pour l'ennemi, la distance n'étant que de 100 mètres à peu près. Par réciprocité, un Espagnol, placé au haut d'un clocher de la place, tuait ou blessait aussi un canonnier français chaque fois qu'il tirait ; mais un de nos tirailleurs ayant saisi le moment où il était forcé de se montrer pour ajuster, lui envoya une balle en pleine poitrine et débarrassa notre artillerie de ce dangereux ennemi.

HUITIÈME CONFÉRENCE.

SUR LE CHOIX DES POSITIONS DÉFENSIVES.

On appelle position militaire toute hauteur d'un difficile accès, et ne pouvant être tournée facilement par sa droite ni par sa gauche ; toute rivière ou fleuve non guéable, ou marais impraticable , se trouvant entre les deux partis ; les ponts, les défilés ainsi que les hameaux et les villages assis sur les communications par où l'ennemi est forcé de passer. Voici ce que dit Jomini, à propos des villages considérés comme position militaire : « *Il importe assez généralement de défendre les villages qui* « *sont sur le front des positions, ou de chercher à les enlever si l'on est* « *assaillant, mais il ne faut pas non plus y attacher une importance* « *déplacée, en oubliant la fameuse bataille de Hochstedt; Marlboroug et* « *Eugène, voyant le gros de l'armée française enterré dans les villages,* « *forcèrent le centre et prirent vingt-quatre bataillons sacrifiés pour* « *garder ces postes.* »

Le choix d'une position militaire dépend aussi de la tactique, car s'il est bon d'approprier les manœuvres au terrain, il est bon aussi d'approprier le terrain aux manœuvres toutes les fois qu'il y a possibilité, en conséquence du nombre et de l'espèce des troupes qu'on a à sa disposition ; il est entendu qu'il n'est question ici que de celles qui peuvent être occupées par un bataillon d'infanterie ou tout au plus par un régiment.

Toute position militaire a trois points : la droite, le centre et la gauche, en faisant face à l'enneni, de même qu'elle présente un front en ligne droite, concave ou convexe, à peu près.

Le front en ligne droite n'offre aucun point positivement fort ou faible, lorsque ses deux ailes sont garanties ; le front concave offre l'avantage d'avoir son centre au fond de la concavité, lequel est protégé par ses deux ailes ; celui convexe a le centre en avant et peut être facilement débordé à droite et à gauche sans que ses ailes, qui se trouvent en arrière, lui soient d'un grand secours ; ainsi, le front concave est le meilleur de tous et celui qu'il faut choisir si la position offre naturellement cette forme, comme le coude rentrant d'une rivière, par exemple, ou bien la créer, par le placement des troupes lorsqu'elle n'existe pas naturellement. Toutefois, là bataille de Fleurus, le 26 juin 1794, nous offre un exemple en grand d'une ligne convexe qui a triomphé ; mais cela tint à ce que la ligne concave de l'ennemi avait 10 lieues d'étendue et que ses 80,000 hommes étaient disséminés sur cette ligne de manière à ne pouvoir se porter promptement secours en cas de besoin ; tandis que la ligne convexe des Français était beaucoup plus courte et que toutes ses parties se protégeaient. Les coalisés commirent en outre la faute d'attaquer la ligne française sur tous les points à la fois ; s'il n'eussent attaqué qu'un seul point, avec la plus grande partie de leurs forces, il est probable qu'ils auraient vaincu ; mais la tactique non plus que la stratégie de Napoléon n'étaient pas encore nées.

Le centre d'une position doit recevoir plus de défenseurs que chacune des deux ailes, d'abord parce que, de ce point, il est facile de venir au secours des autres points compromis, et ensuite parce que, en bonne tactique, c'est ordinairement sur le centre que doivent être faits les plus grands efforts : ce principe est le même que pour les grandes opérations ; ainsi, Napoléon n'a remporté tant de victoires étonnantes sur les Autrichiens, que parce que ces derniers, malgré de nombreuses défaites, ont toujours commis la même faute, celle d'étendre et de trop diviser leurs lignes, tandis que leur adversaire, avec beaucoup moins de monde, concentrait ses forces sur leur centre, l'enfonçait et isolait ainsi les deux ailes qu'il battait l'une après l'autre. L'on ne citerait que très peu de batailles de la République, du Consulat et de l'Empire, où Napoléon n'ait pas employé ce moyen qui, du reste, lui a toujours réussi.

Lorsqu'une hauteur est couverte par une rivière non guéable et que le pont qui doit nécessairement conduire au pied de cette hauteur est détruit ou bien gardé, la position est excellente.

Si, à défaut de rivière sur le front, la hauteur est d'un accès difficile et qu'à droite et à gauche il y ait un bois, un ravin, un marais, etc., etc., qui empêchent de la tourner, c'est encore une bonne position.

Un pont, comme un défilé formé par une gorge dont les deux côtés sont impraticables, sont aussi de très bonnes positions ; mais il faut éviter de se placer en avant pour en défendre l'entrée, parce que l'ennemi saisirait l'avantage que l'on peut se procurer soi-même en prenant position de manière à ce qu'il se présente sur le pont ou dans le défilé sur le front le plus retréci posssible et en masse compacte ; c'est une faute capitale de se mettre à dos une rivière, un pont ou bien un défilé quelconque, parce que si l'on est forcé à la retraite l'on risque d'être détruit ou pris. A la bataille de Waterloo, qui, malgré nos revers nous offre plus d'un enseignement, l'armée anglaise s'était adossée à la forêt de Soignes, et n'avait pour tout débouché en arrière, en cas de retraite, que la route de Bruxelles, vers son centre, et au milieu de cette forêt. Déjà cette route était encombrée d'équipages, de bagages, de blessés et d'employés qui fuyaient vers Bruxelles, lorsque 30,000 Prussiens, débouchant sur le flanc droit des Français, changèrent la face du combat et sauvèrent probablement les deux ailes de l'armée anglaise, gravement compromises par le vice de la position.

A la bataille de Hanau, le 30 octobre 1813, le général Dewrede, qui commandait 40,000 Bavarois, qui, d'alliés étaient devenus d'implacables ennemis, s'était établi entre la lisière d'une forêt et la Kintzig, ayant cette rivière à dos, et, pour tout débouché en arrière, le pont de Lamboy ; si les corps d'armée de Bertrand et de Raguse fussent arrivés assez tôt pour entrer en ligne, le pont de Lamboy aurait été enlevé, et l'armée bavaroise réduite à mettre bas les armes.

Un autre exemple, sur une échelle moins grande, et qui rentre plus encore dans mon sujet, fut la défaite du général Tribout, dans les environs de Pontorson, le 17 novembre 1793 ; ce général, qui aurait pu faire mettre bas les armes aux Vendéens, se mit à dos un défilé qu'ils étaient obligés de franchir pour se tirer du mauvais pas où ils étaient tombés ; il fut forcé dans sa position et défait dans ce défilé. S'il se fût établi à la sortie, de manière à réunir une masse de feux sur tout ce qui aurait tenté de déboucher, les Vendéens n'auraient pu sortir du défilé sans être détruits ou pris, et si d'ailleurs il eût été forcé dans cette position, sa retraite n'éprouvait aucun obstacle en arrière.

Voici encore un autre exemple de l'avantage qu'il y a à attendre l'ennemi à la sortie d'un défilé, lorsqu'il est forcé de s'y engager. Le 5 mai 1800, à la bataille de Mœrsskirch, le corps d'armée commandé par Le Courbe, s'engagea dans un défilé formé par un bois, en avant de la position de Mœrsskirch, au débouché duquel cinq pièces de canon autrichiennes l'at- tendaient de front et vingt autres pièces le prenaient en flanc. La tentative de déboucher par là fut inutile; on y renonça après avoir perdu beaucoup de monde, et si la position des Autrichiens n'eût été tournée à droite par le corps de Vendamme, et à gauche par la division Lorges, qui fut d'abord re- poussée avec pertes, mais que l'ennemi commit la faute de poursuivre dans la plaine, l'armée française échouait complètement au pied de cette position.

Il n'en est pas de même des positions formées par les villages ou les hameaux, dont il faut absolument défendre l'entrée, en occupant et cré- nelant toutes les maisons qui se trouvent sur le front, en crénelant égale- ment les murs, ou en se plaçant derrière les haies, les levées de terre, dans les fossés, etc., etc.

Il est du reste de règle invariable, quelle que soit la position choisie et à défendre, d'avoir en arrière des communications sûres et faciles, en cas de retraite forcée.

Les troupes sur la défensive doivent toujours être déployées et placées de manière à ce que les points faibles ou importants, c'est-à-dire ceux par lesquels l'ennemi est forcé de passer, soient couverts par le plus de feux possibles, et croisés, si faire se peut. Le quart ou le tiers des défenseurs doit être tenu en réserve et en colonne, à l'abri de quelque pli de terrain, mur, haie ou maison ; cette réserve se tient prête à se porter, en tout ou en partie, sur les points prêts à être forcés.

Si les troupes en position sont à découvert, c'est-à-dire si rien ne les met à l'abri de l'artillerie ennemie, elles peuvent, dit Guibert « *se mettre ventre* « *à terre, ayant en avant d'elles quelques hommes intelligents pour les* « *avertir de ce qui se passe; elles ne regarderont pas, ainsi qu'on l'a fait* « *dans un siècle de préjugés et d'ignorance, ces précautions comme* « *déshonorantes ; car la première loi de la guerre est de ne pas exposer* « *le soldat quand cela n'est pas nécessaire, pour l'exposer ensuite sans* « *ménagement, quand la nécessité l'exige.* » Si le 28ᵉ régiment de ligne qui, à la bataille d'Austerlitz, soutint longtemps une batterie, s'était mis ventre à terre derrière cette batterie, au lieu de rester en bataille et l'arme au bras, il aurait perdu infiniment moins de monde Il aurait pu encore rompre par division en arrière et à droite et ne présenter à l'ennemi que le flanc des divisions ; la majeure parties des boulets auraient passé dans les intervalles, et la formation en bataille aurait été aussi prompte que possible dans le cas où elle serait devenue nécessaire. Ces moyens peuvent être employés tant que les deux artilleries opposées se canonnent et cherchent à se démonter, car dès que des pièces sont chargées par de l'infanterie ou par de la cavalerie, l'infanterie qui les soutient est obligée de se montrer.

Si la position est une hauteur, les troupes doivent la couronner, c'est-à-dire se tenir en ordre de bataille à 80 ou 100 mètres en arrière de la crête, et lancer en avant, jusqu'au bas, une ligne de tirailleurs qui s'embusquent et tirent sur les assaillants dans une position plus ou moins horizontale ;

elles doivent éviter de faire feu tant que l'ennemi n'a pas gravi la pente et ne se présente pas sur la crête, d'abord parce que les coups tirés de haut en bas seraient fichants, les plus mauvais de tous, puisque la balle s'enfonce dans la terre et ne ricoche pas, et ensuite parce que les décharges faites à petite portée et horizontalement sont les plus meurtrières; elles forcent toujours son ennemi à rétrograder, tandis que celles faites à grande portée ne l'empêchent pas d'avancer. Il faut ici rendre justice aux Anglais; personne ne sait, mieux qu'eux, défendre une position et se servir de son feu plus à propos. Au combat de Bussaco, en Portugal, le 27 septembre 1810, des divisions des 2e et 6e corps français gravirent la montagne, l'une à gauche et l'autre à droite, avec la plus grande intrépidité, et sans autres pertes que celles occasionnées par les tirailleurs ennemis disséminés en avant de la position; mais arrivées sur le point culminant, elles eurent à essuyer des décharges épouvantables, faites avec à-plomb, discernement et à une portée tellement rapprochée, que pas un coup n'était perdu; aussi les troupes assaillantes furent-elles obligées de s'éloigner pour éviter une ruine totale; elles y perdirent considérablement de monde, relativement à leur force.

Si la position est un pont, détruit ou non, les défenseurs doivent être posés sur la rive opposée à l'ennemi, autant que possible derrière un retranchement quelconque, et répartis de manière à avoir la plus grande masse de feux sur l'autre extrémité du pont et sur le pont même, afin d'empêcher l'ennemi de le franchir ou de le rétablir s'il était coupé.

Les ponts sont des positions de la plus grande importance à la guerre, et dont la défense a été bien souvent confiée à des hommes d'une valeur éprouvée, parce que le succès d'une armée ou son salut en ont dépendu; c'est ainsi que Chevardin, chef de bataillon des chasseurs de Saône-et-Loire, sauva l'avant-garde commandée par Kleber, au pont de Boussay (Vendée), le 19 septembre 1793. Cette avant-garde, d'abord victorieuse, fut ensuite forcée à la retraite par une de ces terreurs paniques qu'il est quelquefois impossible de prévenir et d'empêcher à la guerre : l'armée vendéenne, huit fois plus nombreuse, la poursuivit avec acharnement jusqu'au pont de Boussay. Là, Kleber fit placer deux pièces de canon, et dit au commandant Chevardin : « *Tu vas rester ici et défendre ce passage.* « *Tu y seras tué; mais tu sauveras tes camarades. — Oui, général,* » répondit Chevardin. Il combattit et mourut en effet au poste qui lui avait été confié, mais le passage ne fut point forcé. L'histoire n'offre pas de dé-dévouement plus héroïque !!

Si les Autrichiens, au pont de Lodi, le 10 mai 1796, au lieu d'entasser de l'artillerie en face de ce pont, se fussent d'abord assurés si l'Adda était ou non guéable, et si, dans le premier cas, ils eussent placé des troupes et de l'artillerie en face des gués, le passage de la rivière n'aurait proba-blement pas eu lieu, et l'armée de Beaulieu n'aurait pas été acculée dans les marais de Mantoue. Voici ce qui arriva : tandis que des colonnes serrées étaient sur le pont de Lodi, et mitraillées par l'artillerie autri-chienne, des grenadiers, vers le milieu du pont, remarquèrent qu'en aval la rivière était peu profonde ; aussitôt, et sans ordre, un grand nombre d'entre eux se laissèrent glisser le long des piles en bois, jusqu'au bas, traversèrent ainsi promptement la rivière, et, prenant l'artillerie autri-chienne, à revers l'obligèrent à s'éloigner; l'intelligence du soldat français fit tout dans cette circonstance, car, faire marcher des colonnes serrées sur un pont, contre une artillerie formidable, était un moyen destructeur, et où les grenadiers français pouvaient être anéantis ; il fallait se porter sur les pièces sur deux rangs ouverts, un de chaque côté du pont, par le flanc, sans interruption et au pas de course. Les premières décharges auraient tué quelques hommes, mais la plus grande partie des projectiles auraient frappé dans le vide et nos soldats seraient arrivés sur les pièces en nombre toujours croissant. Il en est de cela comme de l'enlèvement des barricades, dont j'ai parlé dans la première Conférence.

Quoique les retranchements ne soient pas précisément du ressort des manœuvres, je vais en dire un mot, parce qu'ils sont un accessoire de la tactique ; ils ajoutent, dans la défensive, au bon emploi et à la conserva-tion des troupes. Voici, au reste, ce qu'en dit Guibert :

« *Autant je pense que les retranchements doivent être rarement em-* « *ployés par une armée, autant je crois, au reste, que tous les postes,*

« ou corps détachés , doivent en faire usage, surtout si ces postes ou
« corps détachés occupent des points où il soit nécessaire qu'ils résis-
« tent, s'ils couvrent une opération , s'ils gardent un entrepôt, un
« magasin, un débouché ; car, dans ces occasions, il s'agit de tenir
« ferme.

« *Par une conséquence du raisonnement ci-dessus posé, il ne faut pas
« que les postes ou corps détachés, s'occupent de se retrancher lors-
« qu'ils sont simplement destinés à servir de masque, à couvrir une plus
« grande étendue de pays que celle qu'ils doivent occuper : dans le pre-
« mier cas, leur but n'est pas de combattre, mais d'avertir ; dans le
« second, il est inutile de retrancher quelques points, puisqu'ils ne
« pourraient tout défendre, et qu'ils ne serviraient qu'à indiquer à l'en-
« nemi où il faut qu'il cherche à opérer. »

La manière de retrancher les troupes, en position défensive et promptement, est facile, pour peu qu'elles puissent se procurer quelques pelles
et pioches : je suppose que le troisième rang est mis en réserve ; l'on
creuse un fossé d'un mètre de largeur, dont on jette les terres du côté de
l'ennemi, et qui forment une espèce de parapet. En creusant ce fossé, de
cinquante centimètres seulement, on obtient, avec les terres de déblai qui
s'élèvent à une hauteur au moins équivalente, un retranchement qui met
au moins les deux tiers du corps des défenseurs à couvert, ce qui est beaucoup, donne une très grande confiance aux soldats et leur permet d'attendre
que l'ennemi soit à une assez petite portée pour être écrasé par leur feu ;
il faut moins de temps pour ce retranchement que pour celui où le fossé
est en avant ; parce qu'il faut moitié moins de terre de déblai pour former
le parapet.

Toutes les fois que les Anglais ont été sur la défensive, ils n'ont négligé
de placer leur monde déployé derrière de petits retranchements en terre
ou en pierre sèche que lorsqu'ils n'ont pu faire autrement ; ainsi, à Talavera de la Reina, en Espagne, et à Bussaco, en Portugal, toutes leurs
lignes étaient retranchées, et ne purent être forcées, malgré nos efforts
inouïs et des pertes énormes. Ces faits parlent plus haut que l'opinion de
ceux qui pensent qu'il ne faut pas habituer les troupes à se retrancher,
dans la crainte qu'elles ne puissent plus combattre à découvert : erreur

déplorable ! en même temps qu'oubli de l'un des principes les plus essentiels de l'art de la guerre, celui de la conservation des hommes !... C'est, au contraire, un impérieux devoir de les faire combattre à couvert lorsque cela est possible, comme de savoir les sacrifier lorsqu'il le faut. Les Français ont prouvé, et les Anglais aussi (il faut encore leur rendre cette justice), qu'ils se battent avec bravoure et opiniâtreté dans toutes les positions. Au iége de Badajoz et de Burgos, aux batailles des Arapillés, de Vittoria et de Toulouse, les Anglais étaient à découvert ; quant aux Français ils ont presque toujours dédaigné la précaution de se retrancher.

Lorsqu'on établit des retranchements, il faut qu'ils soient à lignes brisées, c'est-à-dire que si le terrain oblige à tracer une ligne droite, il faut un crochet, formant un angle rentrant à chaque extrémité, qui permet de croiser les feux de cette ligne ; en un mot, il faut que les retranchements soient disposés de manière qu'il y ait le plus de feux croisés possibles sur tous les points accessibles.

NEUVIÈME CONFÉRENCE.

SUR LE MORAL DES TROUPES, LE CALME ET LE SANG-FROID

DES CHEFS.

Sur toute la surface du globe, l'espèce d'hommes est la même, quant au courage et aux vertus guerrières, comme le tigre a la même férocité partout où il se trouve. Les différences que l'on remarque parmi les hommes tiennent à leur éducation physique et morale ; ainsi ce serait une absurdité et une présomption déplacées de croire que les Français sont plus braves que les Russes, les Autrichiens, les Prussiens, les Anglais, les Espagnols, les Arabes, etc., etc. Mais, chez les premiers, l'amour de la patrie, de la gloire, de la liberté, et une intelligence développée par une civilisation plus avancée n'ont pas peu contribué à la supériorité qu'ils ont acquise sur tous dans vingt-cinq ans de guerres, quoique ces peuples aient prouvé, dans maints combats et batailles, qu'ils ne nous étaient pas inférieurs en courage. Au reste, chaque peuple a ses éphémérides militaires et ses monuments de gloire, même contre nous; ce qui prouve encore que le sort des combats et des batailles tient au génie heureux de ceux qui commandent, et au moral des troupes que ce génie et ce bonheur leur inspirent, car un chef malheureux a promptement des troupes démoralisées; il y a donc un avantage immense à débuter par des succès dans une campagne, et par conséquent à éviter tous les engagements douteux; c'est ce système qu'a constamment suivi Wellington et qui lui a réussi.

Jamais, depuis l'antiquité la plus reculée, aucun capitaine n'inspira à ses soldats autant de confiance et de dévouement que Napoléon Bonaparte, et jamais une armée ne fit plus pour répondre au génie de son chef, convaincue de l'infaillibilité de ses conceptions, car les exploits de l'armée française, sous Napoléon, dans douze campagnes, qui ne durèrent ensemble que vingt-cinq années, réparties du 27 mars 1796, au 18 juin 1815, paraîtront fabuleux à la postérité.

Lorsque Napoléon Bonaparte arriva à l'armée d'Italie, pour en prendre le commandement, le 27 mars 1796, il n'avait que vingt-six ans; il trouva, au lieu de 60,000 hommes qui lui étaient annoncés par le Directoire, 31,000 combattants, dépourvus de tout, et n'ayant que 30 pièces de canon, tandis que l'armée ennemie comptait 80,000 combattants et 200 pièces de canon. Arrivé à Albenga, plusieurs régiments se révoltèrent, demandant la solde qui leur était due, de l'habillement, du pain et des souliers. Napoléon fit arrêter et enfermer les officiers de ces corps, dont bientôt les soldats vinrent lui demander la grâce et la liberté; alors, il leur fit l'allocution suivante : *« Soldats !... j'entends vos vœux; ils me plai-*
« sent, ils sont dignes de vous !... Ce n'est plus une guerre défensive,
« c'est une guerre d'invasion, ce sont des conquêtes que vous allez faire;
« vous êtes sans artillerie, sans habits, sans souliers, sans solde, vous
« manquez de tout, mais vous êtes riches en courage. Au-delà de ces
« monts, s'étendent les plaines fertiles du Piémont et de la Lombardie;
« là, sont des magasins, de l'artillerie, des trésors; marchons, et dans

« peu, ils seront à vous. L'ennemi est quatre fois plus nombreux, vous
« en aurez plus de gloire ; je vous rends vos officiers, ils vous conduiront
« contre les ennemis de la République. »

Première campagne d'Italie. Elle dura dix mois, pendant lesquels, dit
l'historien Thiers, « par le génie de Bonaparte, uni au bonheur, outre
« l'armée piémontaise, trois armées autrichiennes formidables, trois fois
« renforcées, avaient été détruites par une armée, qui, forte de trente et
« quelques mille hommes à l'entrée de la campagne, n'en avait guère
« reçu que 20,000 pour réparer ses pertes ; ainsi, 55,000 Français
« avaient battu plus de 200,000 Autrichiens, tué et blessé plus de 20,000
« dans douze batailles rangées et soixante combats. »

Jomini, le meilleur de nos historiens militaires, a dit de cette campagne :
« Le traité de Tolentino termina une campagne justement célèbre, dans
« laquelle une poignée de braves fit changer la face de l'Italie, et
« ébranla jusque dans ses fondements la première monarchie de
« l'Europe. »

Deuxième campagne d'Italie. Entre le traité de Tolentino, le 19 février 1797, et les préliminaires de Léoben, le 17 avril suivant, le général
Bonaparte livra aux Autrichiens, commandés par le prince Charles, dix-
sept combats, dans lesquels l'ennemi eut plus de 4,000 hommes tués
et blessés, perdit 15,000 prisonniers et 60 pièces de canon.

Campagne d'Égypte. Du 1er juillet 1798 au 22 août 1799, jour où
Bonaparte quitta l'Égypte pour rentrer en France, 34,000 hommes et
300 chevaux seulement, eurent à lutter contre les Anglais, les Turcs, les
Arabes, les Mamelucks, la population égyptienne, les déserts de sables
sans eau et la peste. Cette armée, renforcée plus tard par quelques troupes
indigènes, et dont la flotte fut anéantie à Aboukir par les Anglais, les 1er
et 2 juillet 1798, a livré cinq batailles, trente-cinq combats, fait cinq siéges,
tué et blessé plus de 60,000 hommes et pris plus de 100 pièces de canons.

Troisième campagne d'Italie. Du 13 mai 1800 au 14 juin suivant,
jour de la bataille de Marengo, qui fut décisive, le général Bonaparte

passa les Alpes par le grand Saint-Bernard, livra aux Autrichiens deux batailles et cinq combats, prit deux places fortes , tua, blessa ou fit prisonniers à l'ennemi 29,000 hommes et lui prit 48 pièces de canon.

Campagne de 1805, en Allemagne. Du 8 octobre 1805, jour du premier combat, en Allemagne, après la levée du camp de Boulogne, jusqu'au 6 décembre suivant, jour de la suspension d'armes qui a précédé la paix de Presbourg, Napoléon a livré vingt-sept combats et la célèbre bataille d'Austerlitz, qui fut décisive ; l'armée française tua, blessa ou prit 150,000 Autrichiens et Russes, et 500 pièces de canon.

Campagne de Prusse et de Pologne. Du 6 octobre 1806, jour de l'ouverture de la campagne, au 9 juillet 1807, jour de la paix de Tilsitt, l'armée française, forte de 180,000 hommes, a livré quarante-quatre combats et quatre batailles aux Prusso-Russes, qui avaient 400,000 hommes ; elle leur a tué, blessé ou pris 290,000 hommes, et 2,500 pièces de canon, y compris celles trouvées dans différentes places des états prussiens.

Campagne d'Espagne. Du 5 novembre 1808, jour de l'arrivée de l'empereur Napoléon à Vittoria, au 7 janvier 1809 , jour de son départ pour la France, l'armée française livra aux Espagnols et aux Anglais quatorze combats et trois batailles, dans lesquels les alliés perdirent 76,000 hommes, tués, blessés et faits prisonniers et 190 pièces de canon.

Campagne de 1809 en Allemagne. Du 9 avril 1809, jour du commencement des hostilités au 14 octobre suivant, jour du traité de Vienne pour la paix, l'armée française et ses alliés, forts de 260,000 hommes et 560 pièces de canon, livra aux Autrichiens, forts de 450,000 hommes et 700 pièces de canon, treize combats et cinq batailles, dans lesquels ces derniers perdirent 85,000 hommes tués, blessés ou prisonniers et 672 pièces de canon.

Campagne de Russie. Du 23 juin 1812, jour du passage du Niémen, par l'armée française et ses alliés, forts de 610,000 hommes et 1372 pièces de canon, au 2 décembre 1812, jour du départ de l'empereur pour rentrer en France, l'armée française livra à l'armée russe, d'abord forte de 580,000 hommes seulement, mais qui reçut de nombreux renforts pendant la campagne, trente combats et six batailles, dans lesquels ces derniers perdirent 180,000 hommes tués, blessés ou faits prisonniers et 150 pièces de canon ; mais l'incendie volontaire de Moscow, la neige, le froid et la famine, qui en furent la conséquence, en détruisant la plus belle armée du monde, lui arrachèrent aussi les trophées de ses victoires.

Campagne de 1813 en Allemagne. Du 28 avril 1813, jour de l'arrivée de l'empereur à l'armée, au 9 novembre suivant, jour de son retour à Mayence, l'armée française, trahie successivement par tous ses alliés qui tournèrent leurs armes contre elle, a livré aux coalisés, forts de 800,000 combattants, vingt-cinq combats et cinq batailles, dans lesquels ces derniers perdirent 180,000 hommes tués, blessés et faits prisonniers et 50 pièces de canon.

Première campagne de France, en 1814. Du 21 décembre 1813, jour où les alliés commencèrent à passer le Rhin, au 4 avril 1814, jour de l'abdication de l'empereur Napoléon, en faveur de son fils, l'armée française livra aux alliés vingt-trois combats et quatre batailles, dans lesquels ces derniers perdirent 90,000 hommes, tués, blessés et faits prisonniers et 96 pièces de canon.

Deuxième campagne de France, en 1815. Du 15 juin 1815, jour du commencement des hostilités, au 1er juillet suivant, jour du dernier combat, dans l'avenue de Versailles, l'armée française livra aux alliés trois combats et deux batailles dans lesquels ces derniers perdirent 80,000 hommes tués, blessés et faits prisonniers et 30 pièces de canon ; mais la dernière bataille de l'Empire, celle de Waterloo, fut décisive ; en la perdant, Napoléon perdit sa couronne et la liberté.

Résumé : Pendant cinq années, Napoléon, en personne, a livré cinquante batailles rangées, sur lesquelles il n'a perdu que celle de Waterloo, par la faute de l'un de ses lieutenants. Trois cents combats ont été livrés par les armées qu'il commandait immédiatement, lesquelles armées ont tué, blessé et pris à leurs ennemis plus de 1,200,000 hommes et 4,500 pièces de canon. L'histoire n'offre aucun exemple de succès aussi soutenus. Avec un pareil chef il n'était point de mauvais soldats ; les descendants des Romains eux-mêmes, dont on n'a plus parlé depuis la chute de cet empire, semblaient avoir retrouvé le courage et l'énergie des légions de César ; c'est qu'en effet les régiments italiens faisaient des prodiges de valeur dans l'armée française, comme tous les peuples que ces derniers eurent un instant pour alliés.

Il est incontestable que ce sont les qualités morales du chef qui affermissent le moral des troupes. « *Ce n'est pas assez qu'un chef paie de sa* « *personne, a dit Carnot ; il faut encore qu'il ait le don de se faire se-* « *conder avec zèle. Il a besoin du plus grand sang-froid, de l'application* « *la plus soutenue, pour tout connaître, tout prévoir, tout ordonner, et* « *l'activité doit briller dans ses yeux ; il faut que tout s'anime à sa voix,* « *que tout s'électrise à son aspect, que tout s'enflamme de ses regards,* « *que son visage inspire la confiance, rende le courage aux faibles, en* « *impose aux mal intentionnés. — J'aimerais mieux, disait le général* « *athénien Chabrias, une armée de cerfs commandée par un lion, qu'une* « *armée de lions commandée par un cerf.*

« *Le soldat suit presque toujours l'exemple de ses chefs ; c'est dans* « *leur contenance qu'il voit ce qu'on doit attendre de lui, et rarement* « *voit-on des actes de faiblesse sous un commandant intrépide. Au siége* « *de Bade, par Soliman II, en 1529, la ville ayant capitulé, la gar-* « *nison défila devant les jannissaires, qui insultèrent les soldats, et leur* « *reprochèrent leur peu de courage, quoique la place eût été bien dé-* « *fendue, mais non peut-être jusqu'à la dernière extrémité. Un soldat* « *allemand, justement irrité, se tourna vers l'un de ces jannissaires.* « *— Qu'as-tu à me reprocher, lui dit-il ; je ne commande pas, j'obéis !* »

Rien n'est propre à démoraliser une troupe, devant l'ennemi, comme les observations imprudentes de certains chefs, qui blâment tout ce qui se fait, et grossissent le danger, en augmentant à plaisir le nombre des ennemis. J'ai connu un officier, qui, dans les guerres de l'empire, était devenu capitaine de grenadiers sans jamais avoir entendu ni vu le feu de l'ennemi ; il avait toujours trouvé le moyen d'éviter les occasions d'aller au combat, et lorsqu'il voyageait en pays ennemi avec le bataillon dont il faisait partie (en Espagne), il voyait toujours des guérillas à droite, à gauche, en avant, et si nombreux, disait-il, que le bataillon serait attaqué et succomberait incessamment. Son effroi se communiquait à ses soldats, et s'ils eussent été réellement attaqués, dans ces mauvaises dispositions d'esprit, nul doute qu'ils auraient été battus. L'aversion de ce capitaine pour ce que les militaires appellent l'odeur de la poudre était peut-être un avertissement intérieur de ce qui devait lui arriver un jour ; car sa compagnie ayant été désignée, avec plusieurs autres du bataillon, pour occuper l'une des redoutes placées à la gauche du camp de Suraïde, en avant de Bayonne, le 10 novembre 1813, les alliés (Anglais, Espagnols et Portugais) firent une trouée et tournèrent toutes les redoutes, que l'on fut obligé d'abandonner. C'est en fuyant à toutes jambes, que ce capitaine reçut une balle dans la tête, qui l'étendit raide mort.

Lorsque le soldat ne fait pas son devoir, c'est presque toujours la faute de ceux qui le commandent, car le sentiment de la conservation est inné chez tous les êtres qui respirent, et si, dans des circonstances périlleuses, l'officier se démoralise et faiblit, il trouve toujours un prétexte plausible, aux yeux de ses soldats, qui ne demandent pas mieux que d'imiter sa conduite pour se soustraire au danger. Il n'y a alors pour eux aucun raisonnement ; ils se battent pour le roi et crient vive la Ligue, pourvu qu'ils vivent eux-mêmes ; mais lorsque l'officier paie de sa personne dans les moments critiques, les soldats seraient honteux de ne pas l'imiter et le suivre. Il y a pourtant des exceptions à cette règle: c'est lorsque les troupes sont mues par un sentiment de patriotisme exalté, comme dans les armées de la République, en 1792, 93, 94, etc., etc., ou bien par un sentiment de vengeance.

Il n'est aucun militaire sur lequel le premier coup de canon ne produit pas un effet nerveux indépendant de la volonté ; ce n'est pas de la crainte, mais un avant-coureur des sentiments pénibles du drame sanglant et terrible auquel le canon prélude. Cet effet doit être comprimé chez celui investi d'un commandement ; il doit, au contraire, relever le moral de ses

soldats par quelques saillies gaies, puisées dans son expérience des combats
et par des paroles analogues à celles de Guibert que je vais citer : « *Les*
« *troupes aguerries ne s'exagèreront pas le ravage que peut causer*
« *l'artillerie ennemie ; elles ne prendront pas la quantité de bruit pour*
« *la quantité de danger ; elles sauront que, pour dix lignes de direction*
« *qui peuvent conduire les boulets vers elles, il y en a cent d'aberration*
« *où ils ne peuvent leur nuire ; elles comprendront la nécessité d'essuyer*
« *le feu du canon une fois posées; que, si l'on est en panne où si l'on*
« *combat de pied ferme, la frayeur ne garantit pas ; que, si l'on marche*
« *pour attaquer, le moyen de faire cesser, ou du moins de diminuer le*
« *danger, est d'arriver sur l'ennemi, parce que l'ennemi s'étonne, chan-*
« *celle et pointe avec moins de justesse.* » Ceci vient à l'appui de ce
que j'ai dit ailleurs, que l'impétuosité d'une attaque en assure presque
toujours le succès. D'ailleurs, les troupes en mouvement se préoccupent
bien moins du danger qu'elles courent.

Junot, au siége de Toulon, écrivait sous la dictée du commandant Bonaparte; un boulet tomba tout près d'eux et les couvrit de terre : *Tant
mieux*, dit Junot, *je n'aurai pas besoin de sable.*

Après avoir dit ce que peuvent le calme et le sang-froid d'un chef sur
le moral des troupes, je dirai qu'il est des circonstances à la guerre, où
les plus braves sont saisies de terreurs paniques qui se propagent et qu'il
est excessivement difficile d'arrêter. Les troupes de nouvelles levées y sont
cependant plus sujettes que les autres. En voici quelques exemples :

Dans les derniers jours d'avril 1792, le général Biron sortit de Valenciennes, s'empara de Quiévrain, et marcha sur Mons; tout-à-coup, sa colonne ayant aperçu quelques ennemis, deux régiments de dragons s'écrient :
Nous sommes trahis ! Et prenant la fuite en désordre, entraînent tout sur
leur passage et laissent leurs bagages au pouvoir de l'ennemi. Le même jour,
le général Dillon sortit de Lille avec 2,000 fantassins et mille cavaliers ;
son mouvement avait été combiné avec celui de Biron. A la même heure
du désastre de ce dernier, la cavalerie de Dillon, à l'aspect de quelques
troupes autrichiennes, tourna bride, entraîna l'infanterie, et toute cette

colonne rentra dans Lille en désordre, laissant également ses bagages au pouvoir de l'ennemi. Il est évident, par la simultanéité de ces deux paniques, qu'elles eurent la trahison pour cause, mais il n'avait peut-être fallu qu'un seul homme dans chaque colonne pour amener ce résultat, tant le soldat est prompt à saisir les occasions qu'il croit propre à le soustraire au danger.

Le 15 septembre 1792, après la levée du camp de Grandpré, par Dumouriez, la division Chazot rencontra, à Vaux, à 9 ou 10 heures du matin, 12 ou 1,500 hussards prussiens, qui harcelaient l'arrière-garde d'une autre colonne française. Cette division se crut coupée et se débanda en criant : Sauve qui peut! Les troupes qui la précédaient et qui furent rejointes par elle, furent frappées de là même panique, et 10,000 hommes furent ainsi poursuivis, pendant assez longtemps par les hussards prussiens. Les généraux Duval et Miranda eurent toutes les peines du monde à rallier les fuyards. Les troupes ayant reconnu, au petit nombre d'ennemis qui les poursuivaient, combien elles avaient eu tort de fuir, on devait supposer qu'elles montreraient à l'avenir plus de calme. Vain espoir! Le même jour, à six heures du soir, la malveillance ayant poussé quelques cris d'alarme, le désordre fut à son comble : l'artillerie avait attelé et voulait fuir, lorsque Dumouriez arriva et parvint à rétablir un peu d'ordre dans le camp ; mais les troupes, toujours inquiètes, passèrent dix heures sous les armes.

Le 15 septembre 1793, Houchard ayant ordonné d'évacuer Menin, et de se porter sur Courtray, les troupes rencontrèrent les Autrichiens à Bisseghem, le combat s'engagea et elles avaient l'avantage, lorsque la cavalerie ennemie se présenta sur les deux flancs des Français ; aussitôt un perfide *sauve qui peut* se fait entendre ; les Français se débandent et fuient jusqu'à Menin. Là, cette inconcevable panique, que rien ne justifiait encore, se communiqua à tous les camps, à tous les postes, et l'armée en masse vint se placer sous la protection du canon de Lille, après une course de vingt-quatre kilomètres.

Dans les exemples ci-dessus cités, c'étaient des Français, de braves soldats, exaltés par le patriotisme, mais jeunes encore, sans expérience et dans un temps où la trahison pouvait facilement exister ; voici un autre exemple mémorable, pris dans les troupes russes, auxquelles on ne reprochera pas de ne pas combattre vaillamment : au combat de Diernstern, le 11 novembre 1805, une division française, forte de 4,000 hommes, fut cernée par un corps de 30,000 Russes ; cette division occupait le plateau de Loïben, ayant devant et derrière elle des masses énormes d'ennemis ; à gauche, un escarpement considérable sans débouchés, et, à droite, le Danube, profond et dont le bord est très escarpé. Dans cette position critique, l'ennemi commit heureusement la faute de s'entasser dans un chemin entre deux murs, dans lequel il ne pouvait y avoir que huit hommes de front, et le seul par lequel les Français pouvaient déboucher. Le major Henriot (lieutenant-colonel), qui commandait la tête de la colonne, fit observer au maréchal Mortier, qui se trouvait avec cette division, qu'en attaquant impétueusement la tête des Russes dans ce défilé, il serait facile de leur marcher sur le corps et de gagner Diernsten ; aussitôt l'attaque commença : les premiers rangs des Russes, sur une longueur de deux cents pas, furent tués à la bayonnette, dont les Français se servirent comme de poignards ; aussitôt il y eut un refoulement de la tête sur le centre que contenait la queue ; ce centre, qu'on étouffait, renversa les murs, qui étaient en pierre sèches, et se sauva dans toutes les directions. Une panique, dont la nuit survenue cachait encore la cause aux Russes, les fit fuir pendant plus de quatre heures, dans une déroute complète. La route de Diernstern se trouva ainsi déblayée promptement, et la division française y arriva sans pertes sensibles. Les Russes y perdirent 6,000 hommes, des drapeaux, des pièces de canon et des milliers de fusils.

DIXIÈME CONFÉRENCE.

DU MÉRITE MILITAIRE.

Le mérite, pour la plupart des professions, est relatif, c'est-à-dire qu'il suffit, pour un médecin, un chirurgien, un professeur quelconque, un avocat, etc., etc., de joindre aux connaissances positives de son état des connaissances plus étendues pour en faire un homme de mérite ; mais pour le militaire appelé à commander d'autres hommes, et destiné à vivre au milieu de réunions plus ou moins nombreuses, régies par des règlements spéciaux, et dont tous les membres lui doivent obéissance, c'est autre chose, et peu de personnes savent quelles sont les qualités personnelles qui, avec les connaissances purement militaires, constituent ce qu'on appelle le mérite militaire. La diversité des opinions à cet égard et l'ignorance ont causé beaucoup d'erreurs, d'autant plus déplorables, surtout dans le commandement, que les subordonnés ont eu à en souffrir plus ou moins. Je ne m'occuperai ici que des qualités morales les plus essentielles et qui sont : 1° la bravoure ; 2° le sang-froid ; 3° le tact ; 4° la facilité dans l'élocution ; 5° l'instruction générale ; 6° la fermeté ; 7° enfin, la dignité.

La bravoure doit être innée chez le militaire, elle ne s'acquiert pas. Tout homme qui ne se sent pas le courage d'affronter un danger ne devrait pas choisir la carrière des armes lorsqu'il est en position d'opter.

La bravoure exclut la témérité dans le commandement ; elle doit être calme, réfléchie pour veiller au salut de tous et tirer le meilleur parti possible des circonstances, comme le fit Le Courbe, enfermé dans Kell, en 1796, et assiégé par les Autrichiens. Dans une attaque sur l'île d'Erhen-Rhin, ses troupes ayant été repoussées, il arriva, coupa avec son sabre, le cable du pont, le fit pousser au large, et dit à ses soldats : *Il faut vous battre ou vous noyer ; voilà le Rhin, voilà l'ennemi ;* puis saisissant un drapeau il s'élance au combat, suivi de tous ceux qui fuyaient et force l'ennemi d'abandonner l'artillerie qu'il avait prise. La témérité n'est permise qu'au soldat, parce que s'il succombe dans son entreprise, il ne compromet personne. C'est être brave que de rester à son poste sous le feu de l'ennemi et de marcher contre le danger le plus imminent, lorsqu'il y a ordre et nécessité de le faire ; c'est être téméraire que d'affronter un danger sans ordres comme sans nécessité. En 1813, Dechamburé, officier d'état-major, commandait une compagnie franche renfermée dans la place de Dantzig, assiégée par le prince de Wurtemberg. Dans la nuit du 16 au 17 novembre une grêle de bombes tomba sur la caserne de cette compagnie, et l'une d'elles dans la chambre de son commandant ; celui-ci s'éveilla au bruit de l'explosion, et écrivit immédiatement ces lignes : « *Prince,* « *vos bombes ont troublé mon sommeil ; j'ai résolu de faire une sortie* « *avec mes braves, pour enclouer les mortiers qui les ont lancées ; l'ex-* « *périence vous prouvera, prince, qu'il ne faut pas réveiller le lion qui* « *dort.* » Peu d'instants après, la compagnie, munie d'échelles d'escalade, entrait pêle-mêle, avec les Russes, dans la redoute aux mortiers qui en effet furent encloués, et la lettre en question déposée sur l'un d'eux. Plus de 150 ennemis furent tués ou blessés par cette compagnie. C'est un trait de témérité et d'audace peu communes, mais qui avait son excuse dans le mal que les bombes ennemies faisaient aux assiégés et dans la mission même de la compagnie franche, qui était d'affronter tous les dangers.

Le sang-froid est aussi un don de la nature, une vertu qui rend l'homme maître de lui-même dans toutes les circonstances et qui inspire la confiance aux subordonnés, et quoique j'en aie déjà dit un mot dans la neuvième conférence, à propos du moral des troupes, je trouverai encore quelque chose à en dire dans celle-ci ; en effet, le militaire pourvu d'un commandement quelconque a l'occasion de reconnaître combien le calme et le sang-froid sont nécessaires, à chaque instant, puisqu'il est juge, presque suprême, des fautes et des différends de ses subordonnés ; s'il s'emporte il se met lui-même dans son tort ; colère n'est pas raison, et le nombre des victimes de l'emportement et de la colère des chefs est incalculable.

En présence d'un danger imminent, l'homme armé de sang-froid en mesure toute l'étendue et trouve le moyen, s'il y en a un, de l'éviter ou de le rendre moins désastreux qu'il le serait par le trouble de sa raison : si le général Bonaparte n'eût possédé cette vertu au suprême degré, il était prisonnier des Autrichiens le 4 août 1796, à Lonato. Cette ville, où il se trouvait avec 1,200 hommes seulement, fut tout-à-coup cernée par un corps autrichien de 4,000 hommes dinfanterie, 500 de cavalerie et deux pièces de canon. Sommé de se rendre, il feignit d'être irrité, en disant qu'il était étonnant que des gens qui étaient prisonniers eux-mêmes voulussent le prendre ; par son aplomb et ses démonstrations d'attaque, non seulement il se sauva, mais encore le corps autrichien se rendit à discrétion. Cette circonstance prouve encore la fragilité de la destinée des empires, car ce que la captivité du général Bonaparte eût amené de changements dans la politique de l'Europe est inappréciable.

L'empire que l'homme calme et toujours maître de lui-même exerce sur les autres hommes est incontestable ; il leur semble qu'il est infaillible et que tous ses jugements sont sans appel, aussi lorsqu'il commande ou qu'il parle chacun s'empresse d'obéir ou de se ranger de son avis ; il n'est point de bon commandant de troupes sans calme ni sang-froid, et pourtant il n'est point de qualité plus rare. Feu M. le lieutenant-général Fririon, qui a inspecté l'un des régiments dont j'ai fait partie, en 1819, et dont M. le lieutenant-général Aupick était l'aide-de-camp, me disait un jour : « *Je considère le calme et le sang-froid, dans un chef, comme la première* « *vertu, et je juge jusqu'à quel degré un officier la possède à la manière* « *dont il tire son épée ou son sabre lorsque je le fais commander ; celui* « *qui la tire nonchalamment, qui tourne le dos à sa troupe, qui va et* « *vient, en ayant l'air de chercher ce qu'il va dire et faire, n'est pas* « *mon homme ; j'aime qu'il la tire avec assurance et qu'il reste en place,* « *la tête haute, persuadé que tout ira à l'avenant.* »

Le tact est presque synonyme de sens droit, discernement, et n'est pas non plus une qualité ordinaire ni indispensable au commandement ; en effet, c'est par elle qu'un colonel, par exemple, fait un tout homogène du régiment dont le commandement lui est confié, qu'il le tient dans la main et qu'il est sûr d'en être obéi ; c'est par le tact qu'il n'accorde de préférence apparente à qui que ce soit, et qu'il évite les ressentiments et les jalousies ; c'est par le tact qu'il apaise, au lieu d'envenimer, les différends qui surgissent entre les individus, qu'il évite les réclamations aux autorités, les plaintes des subordonnés et les déchirements intérieurs ; c'est par le tact, le sens droit et le discernement réunis qu'il exige l'exécution des réglements, aussi impérieuse pour lui-même que pour les autres, qu'il examine et pèse les fautes comme les punitions ; qu'il étudie, gouverne et dirige le caractère d'un chacun, et qu'il fait la plus utile application de ses connaissances, de ses facultés et de ses moyens.

Le manque de tact est la chose la plus déplorable pour le commandant d'un corps et surtout pour ses subordonnés ; j'ai connu un colonel, qui ayant mal accueilli une réclamation fondée en droit, que lui firent quelques officiers, trouva moyen de les diviser tous, au point qu'il y eut quelques duels entre eux et de supérieur avec inférieur.

La facilité dans l'élocution n'est pas non plus d'une mince importance pour le commandement d'une troupe, car les occasions de parler en public, c'est-à-dire aux officiers et aux soldats réunis, sont encore assez fréquentes et ceux qui vous écoutent sont des juges impitoyables qui vous admirent ou vous ridiculisent selon que vous y donnez lieu ; je n'entends par facilité dans l'élocution que la faculté de dire les choses dans le moins de mots possibles, sans bégayer, sans chercher, d'une manière claire, nette, précise et d'un ton qui aille à l'intelligence de tous. Le verbiage, en délayant les idées dans beaucoup de mots, et les phrases sans suite, comme sans ordre, produisent l'effet contraire, et chacun s'en va de là en demandant ce qu'on a dit. J'ai connu un chef de corps, dont le rapport durait tous les jours une heure ; les sergents-majors appelaient cela le sermon, parce qu'on leur disait tous les jours la même chose d'une manière grotesque, c'est-à-dire en gesticulant ; j'en ai connu un autre qui n'était pas moins diffus dans ses explications, qui les commençait *piano*, mais qui allait toujours *crescendo*, et qui finissait par une colère rouge au point de ne plus savoir ce qu'il voulait dire.

Une bonne instruction et quelque érudition sont indispensables à celui appelé à commander à d'autres hommes, afin d'avoir, sur la plupart, cette supériorité. Par instruction, je n'entends pas seulement savoir lire et écrire et connaître les règles de la langue française, j'entends encore connaître le métier à fond et les règlements qui le régissent pour en surveiller l'exécution; malheureusement comme cette dernière partie est la moins attrayante et la plus aride, c'est aussi la plus négligée; cependant, c'est la parfaite connaissance du métier qui donne l'aplomb devant la troupe. Combien de fois n'a-t-on pas vu les soldats rire de l'embarras de leur chef ou des fautes qu'il commettait dans les exercices et manœuvres? Cela me rappelle une petite anecdote assez risible; à la suite d'un déjeuner, donné par un prince, dans l'un des camps formés chaque année, l'on exécuta des manœuvres; l'un des régiments d'infanterie manqua complétement une marche en bataille; le maréchal de camp irrité demanda au colonel : *Colonel, est-ce que votre régiment manœuvre toujours ainsi?—Oui mon général, toujours.* Le colonel qui n'était rien moins que fort sur le métier, qui avait deux ivrognes pour chefs de bataillon, et qui avait lui-même sablé quelques verres de vin généreux, prit la question pour un compliment, tandis que les officiers et la troupe qui avaient tout entendu, furent pris d'un rire inextinguible.

La partie des manœuvres est encore la moins ignorée, c'est l'administration qui l'est et presque complètement, et pourtant, aujourd'hui, point de commandement de corps ou de portion de corps sans administration; il est vrai qu'il y a des officiers comptables, à la merci desquels se trouve placé le conseil d'administration; s'ils sont probes et capables, la chose marche à peu près bien; dans le cas contraire il arrive des catastrophes, car à force de nager dans le Pactole l'on finit par s'y noyer. Cependant un haut personnage a plusieurs fois été absurde au point de repousser des officiers à la candidature de certains grades, uniquement parce qu'ils étaient dans la partie administrative, et sans se donner la peine de s'enquérir des précédents de ces officiers pour savoir si la partie militaire leur était aussi familière que l'autre, et il s'est trouvé que ce qui était un mérite de plus pour ceux qui connaissaient parfaitement les deux parties, leur a été défavorable en ajournant leur avancement. Ainsi donc, selon moi, le mérite militaire d'un officier n'est pas complet, si son instruction laisse à désirer sous les deux rapports.

La fermeté, renfermée dans ses justes limites, et appliquée avec discernement, est aussi une qualité assez rare ; les erreurs commises à cet égard
sont innombrables autant que déplorables ; en effet, on a trop souvent pris
la dureté et le grand nombre de punitions infligées dans un corps pour de
la fermeté : j'ai connu plusieurs colonels, prônés par des inspecteurs généraux comme très fermes, et qui, à ce seul titre, ont obtenu de l'avancement, qui ont fait le malheur de leurs subordonnés, en oubliant les principes remarquables que l'on trouve en tête et à l'art. 267 de l'ordonnance
du 2 novembre 1833 (Infanterie), sur le service intérieur et que je vais
rapporter :

« Si l'intérêt du service veut que la discipline soit ferme, il veut en
« même temps qu'elle soit paternelle : toute rigueur qui n'est pas de néces-
« sité, toute punition qui n'est pas déterminée par le règlement, ou que
« ferait prononcer un sentiment autre que celui du devoir ; tout acte, tout
« geste, tout propos outrageant d'un supérieur envers son subordonné, sont
« sévèrement interdits. Les membres de la hiérarchie militaire, à quelque
« degré qu'ils y soient placés, doivent traiter leurs inférieurs avec bonté,
« être pour eux des guides bienveillants, leur porter tout l'intérêt et avoir
« envers eux tous les égards dus à des hommes dont la valeur et le
« dévouement procurent leurs succès et préparent leur gloire. »

Article 267. Les punitions doivent être proportionnées, non seulement
« aux fautes, mais encore à la conduite habituelle de chaque homme, au
« temps de service qu'il a accompli et à la connaissance qu'il a des règles
« de la discipline ; elles doivent être infligées avec justice et impartialité,
« et jamais par un sentiment de haine ni de passion. »

« Le supérieur doit s'attacher à prévenir les fautes ; lorsqu'il est dans
« l'obligation de punir, il recherche avec soin toutes les circonstances atté-
« nuantes. En infligeant une punition, il ne se permet jamais de propos
« outrageants ; le calme du supérieur fait connaître qu'en punissant il n'est
« animé que par le bien du service et le sentiment de son devoir. »

Y a-t-il beaucoup de chefs qui se pénètrent de l'importance de cette
phrase : *Le supérieur doit s'attacher à prévenir les fautes ; lorsqu'il est*

dans l'obligation de punir, il recherche avec soin toutes les circonstances atténuantes ? Non, assurément, et c'est cependant l'une des causes qui font qu'il y a du malaise dans un corps ; punir les fautes commises par inadvertance ou par ignorance, par exemple, c'est de la dureté et non de la fermeté ; l'homme ainsi puni est mécontent, parce qu'il reconnaît qu'on n'approfondit pas assez les motifs. Quelle que soit la gravité d'une faute commise sciemment, infliger la même peine au bon sujet qu'au mauvais, c'est encore de la dureté envers le premier. Un homme qui commet une faute par inadvertance ou par ignorance, celui dont la conduite est habituellement bonne, celui qui a été entraîné par d'autres, celui qui a été puni ou commandé d'un service quelconque injustement, etc., etc, sont autant de circonstances atténuantes qui doivent militer en faveur de ceux qui ont commis les fautes et même les absoudre à moins qu'il y ait récidive ou une gravité portant atteinte à la discipline.

Les chefs de corps ont, en général, dans leurs subordonnés, des juges inexorables, souvent éclairés et consciencieux. Aussi, lorsque l'opinion publique militaire condamne un chef, le jugement est presque toujours sans appel, parce qu'il y a quelque chose de vrai, comme il n'y a point de fumée sans feu, et dès lors ce chef n'a pas toutes les qualités qui constituent le mérite militaire. Un colonel, par exemple, peut n'être pas aimé de tous ses subordonnés, parce que l'amitié ne se commande pas, et que d'ailleurs il y a trop d'intérêts opposés en jeu ; mais il peut et doit être estimé, parce que l'estime se commande par une conduite et une manière d'être loyales et dignes.

Lorsqu'une corde est trop tendue, elle casse ; c'est l'équivalent qui arrive au chef de corps qui remplace la fermeté bien entendue par la dureté. Il en résulte du malaise, du frottement intérieur, du mécontentement général, du dégoût et des plaintes, directes ou par lettres anonymes, à l'autorité, qui, soit dit en passant, a souvent donné tort aux opprimés, selon qu'elle apprécierait bien ou mal la fermeté du chef incriminé.

Il y a deux moyens pour obtenir l'exécution des règlements militaires : la persuasion et la force brutale ; par la persuasion exempte de faiblesse, de la bienveillance et du tact, on conserve le bien-être intérieur, l'union, la paix et la tranquillité ; par la force brutale, c'est-à-dire par la dureté, on perd tous ces avantages Donc, le premier système l'emporte de beaucoup sur le second, et d'ailleurs, la mission d'un colonel est de contribuer, par tous les moyens possibles, au bien-être et au bonheur de ses subordonnés, tout en faisant exécuter rigoureusement les règlements militaires, qui sont la sauvegarde de tous : le commandement de 15 à 1,600 hommes ne lui a pas été donné pour satisfaire ses caprices ni pour agir sur eux en despote.

Enfin, la dignité est aussi une vertu inséparable du commandement, et tout homme qui ne la possède pas au plus haut degré ne devrait pas en être investi, car elle résume presque toutes les autres; aussi est-elle rare dans toute l'acception du mot : l'un est dissolu ; un autre est prodigue et contracte des dettes, même envers ses inférieurs; un autre est parcimonieux et peu honorable ; un autre est intempérant ; un autre pousse la fausseté jusqu'à nier les ordres donnés verbalement par lui et compromet ceux qui les ont exécutés; un autre promet ce qu'il n'est pas dans l'intention de tenir ; un autre se livre à un vice honteux que la nature et la morale repoussent, et l'amour de l'argent porte un autre à faire des choses répréhensibles, etc., etc. Malheureusement, tous ces vices et d'autres encore sont assez communs, et, qui plus est, dénoncés ordinairement dans l'opinion publique militaire.

Le vulgaire, en général, croit que l'état militaire est le plus facile à exercer ; aussi, dès qu'un jeune homme a échoué pour une autre carrière, on lui conseille celle-là, par la facilité avec laquelle on y entre. Mais qu'arrive-t-il ? Que tous ces apprentis maréchaux de France, *qui en ont le bâton dans la giberne*, ne tardent pas à s'apercevoir qu'il faut avoir toutes les vertus pour y réussir et s'en dégoûtent promptement : les uns quittent le métier dès qu'ils le peuvent, d'autres persistent, et très peu réussissent à y devenir quelque chose. Dans les quarante années que j'ai passées sous les drapeaux, je n'ai connu qu'un très petit nombre d'hommes possédant le mérite militaire comme je l'entends et comme tout le monde devrait l'entendre : en revanche, j'en ai connu un bien grand nombre qui y avaient des prétentions, tout en ignorant même quels sont les éléments qui le composent.

ONZIÈME CONFÉRENCE.

SUR L'INSTRUCTION ET L'ÉDUCATION DES TROUPES
EN TEMPS DE PAIX.

Cette conférence n'est pas positivement du ressort des officiers des corps ; mais elle contient quelques idées que je ne suis pas fâché de faire connaître à ceux du 21me régiment de ligne, ne fût-ce que pour leur fournir matière à discuter, car on l'a dit : la lumière naît du choc des opinions.

C'est pendant la paix qu'il faut se préparer pour la guerre, c'est aussi ce que l'on fait ; mais le fait-on convenablemeut et avec succès ? C'est ce que je vais examiner.

L'infanterie est le premier et le meilleur élément des batailles, et voici pourquoi : 1° parce qu'elle est beaucoup plus nombreuse que les autres armes, le fantassin étant celui de tous les soldats qui coûte le moins à l'État ; 2° parce qu'il est reconnu que l'homme se fatigue moins vite que le cheval et qu'il résiste beaucoup plus longtemps aux fatigues, aux intempéries et aux privations ; 3° parce que l'infanterie rencontre peu d'obstacles qu'elle ne puisse franchir, ce qui fait qu'elle combat sur tous les terrains, tandis que la cavalerie et l'artillerie ne peuvent le faire avantageusement qu'en plaine ; 4° enfin, parce que la cavalerie demande des approvisionnements en fourrages qu'on ne trouve pas toujours en assez grande quantité dans toutes les contrées. Voici au reste les attributions de chaque arme dans les combats : l'artillerie ébranle les troupes, l'infanterie les enfonce et la cavalerie recueille les fruits de la victoire ; c'est elle qui ramasse les pièces de cauon et les prisonniers, par la célérité de sa marche.

Tout s'oppose aujourd'hui, en France, à ce que l'infanterie et même les autres armes, reçoivent l'instruction militaire qui assure le succès dès le début des campagnes, comme cette belle armée partie du camp de

Boulogne, en 1805, après y avoir été longtemps exercée, et qui termina une campagne en deux mois, par la célèbre bataille d'Austerlitz. Tous les corps sont disséminés, par portions plus ou moins petites, sur la surface de notre sol; il n'est pas de petite ville dont le député n'insiste pour obtenir une garnison d'une ou de deux compagnies, pour l'écoulement des produits locaux et surtout des boissons. De là, l'immense quantité d'ivrognes que l'on voit dans l'armée; parce que, dans ces petites localités, n'ayant que peu de chose à faire, la plupart des sous-officiers et soldats passent leur temps et surtout leurs soirées au cabaret.

Le prix excessif des terres et le mauvais vouloir des propriétaires ne laissent, dans chaque garnison, qu'un terrain presque toujours trop exigu pour manœuvrer, et surtout pour appliquer aux différents mouvements les manœuvres de tirailleurs qui leur sont toujours subordonnées; encore beaucoup de localités n'offrent-elles aucun terrain, ni petit, ni grand. On trouve pour l'ordinaire, une place pour un ou deux pelotons, lorsqu'il faudrait qu'elle fût pour un bataillon, et pour un bataillon lorsqu'il faudrait qu'elle fût pour un régiment, encore est-il bien souvent défendu d'y faire l'exercice à feu. Beaucoup d'autres localités n'ont pas de terrain pour le tir à la cible, et, lorsque les détachements veulent faire des marches militaires, pour simuler des actions de guerre, comme le prescrivent les instructions et règlements, ils sont obligés à suivre une grande route, sans pouvoir s'étendre ni à droite ni à gauche, à cause des maisons, murs, haies, fossés ou terrains ensemencés qui bordent cette route. Si par hasard on rencontre des terrains en friche, l'on trouve presque toujours aussi des propriétaires récalcitrants qui s'opposent à ce que l'on passe dessus; or, que faire sur une grande route? marcher par sections, avec avant et arrière-gardes, et faire exécuter tout ce qui est relatif à la colonne en route; c'est quelque chose sans doute, mais il y a à faire plus encore lorsque le terrain le permet, et choses d'autant plus essentielles qu'on ne peut, comme la colonne en route, les exécuter dans les exercices ordinaires.

Le peu de temps que reste le soldat sous les drapeaux, à cause des libérations anticipées et de l'appel tardif des classes, fait que les corps manquent de bons sous-officiers, parce qu'il faut les renouveler trop souvent, encore les cadres en sous-officiers et caporaux, qui sont l'âme de l'armée, et auxquels on ne devrait pas toucher, ne sont-ils jamais au complet dans les présents ; il y a toujours quelques sous-officiers ou caporaux, comptant à l'effectif, aux hôpitaux, en congé et détachés, soit au gymnase, soit au recrutement, soit dans les pénitenciers militaires, aux écoles de tir et dans l'administration comme commis auxiliaires, de sorte que, dans le temps des semestres surtout, il n'est pas rare de voir des compagnies n'ayant pas un seul sous-officier présent. Est-il question de renvoyer une classe ? tout le monde s'en va, le goût militaire se perd au point qu'on ne trouve plus personne pour faire des maîtres d'armes ni même pour prendre des leçons d'escrime ; c'est en vain qu'on a essayé de priver d'avancement et de l'admission dans les compagnies d'élite les soldats récalcitrants. Les libérations, en vidant les cadres, viennent forcer la main et donner raison à la force d'inertie qu'ils opposent ; il ne reste aux chefs de corps, auxquels on s'en prend, qu'une mesure arbitraire, celle de forcer les hommes à prendre des leçons *facultatives qu'ils paient,* et de les punir lorsqu'ils y manquent, ce qui arrive fréquemment.

Sous l'Empire, et même pendant les premières années de la restauration, il y avait beaucoup de maîtres d'armes et de prévôts dans les corps, parce que, à ces époques, beaucoup d'anciens militaires servaient jusqu'à l'âge de la retraite et que les sous-officiers, caporaux et soldats d'élite étaient armés d'un sabre-briquet avec lequel on pouvait rigoureusement se battre, et que d'ailleurs beaucoup y substituaient une lame et un fourreau d'épée. Les duels étaient malheureusement très fréquents ; on se battait pour les causes les plus frivoles ; tantôt c'était un crâne, un malin, comme on les appelait, qui prétendait qu'on ne l'avait pas salué, ou bien qu'on l'avait regardé de travers, ou bien enfin, qu'on avait dit du mal du régiment auquel il appartenait ; une autre fois, c'était une Hélène de bas étage, à laquelle plusieurs Pâris prétendaient, des querelles de cabaret (car les maîtres et les prévôts ont toujours assez affectionné le cabaret), des jalousies d'arme à arme, des susceptibilités intéressées autant que ridicules, etc., etc. ; ces duels s'étendaient souvent à plusieurs hommes, d'armes différentes, et dégénéraient en querelles de corps qui nécessitaient des changements de garnisons pour y mettre un terme ; il était fort rare que la cavalerie vécût en bonne intelligence avec l'infanterie.

Aujourd'hui, les vieux bretteurs ont disparu en même temps que l'effervescence guerrière, et avec eux le goût des armes, c'est-à-dire l'escrime au fleuret, le pistolet ayant détrôné le sabre et l'épée pour les duels, et, chose dont il faut vraiment se féliciter, parce que les troupes n'en sont pas moins bonnes, les duels sont devenus excessivement rares dans l'armée ; aussi, lorsque l'on force un soldat à prendre des leçons d'escrime, il vous dit : « Que voulez-vous que je fasse de cela ? Ce n'est pas « avec le sabre-poignard dont je suis armé que je pourrai jamais m'en « servir, et encore moins dans mes foyers, où je n'aurai ni épée, ni sabre. « Si encore l'on me donnait ces leçons gratis ? mais il faut que je les paie ; « je préfère, puisqu'elles sont *facultatives*, n'en pas prendre et ajouter à « ma nourriture un verre de boisson, de temps en temps, avec l'argent des « leçons. » Ce raisonnement est logique, il faut le reconnaître, et est la cause réelle du peu d'empressement que l'on remarque. L'espadon, ou escrime du sabre, que M. le Ministre de la guerre vient de tolérer dans les corps, n'aura pas plus de succès, parce que c'est toujours aux frais du soldat, qui en décline l'utilité, et que, d'ailleurs, peu de corps ont aujourd'hui des maîtres et des prévôts pour cette escrime.

On répète sans cesse que l'escrime donne de la grâce au soldat : rien de plus vrai et de mieux lorsqu'il est porté de bonne volonté pour cette escrime, mais, dans le cas contraire, c'est le goût du métier qui doit lui donner de la grâce, aussi bien que l'escrime à la bayonnette, qui devrait être réglementaire, et la tolérance de l'escrime du bâton, qui aurait un succès fou, parce que le soldat apprécie l'utilité de l'une et de l'autre, et en effet, devant l'ennemi, il n'a que son fusil avec sa bayonnette ; dans ses foyers, un bâton est une arme avec laquelle il voyage et qu'il trouve partout sous sa main. Il y a d'ailleurs de l'analogie entre ces deux escrimes, et je suis bien convaincu que, devant des cavaliers ennemis, le fantassin connaissant l'escrime du bâton tirera un meilleur parti de son fusil que celui qui l'ignore. Du reste, l'escrime de la bayonnette pour l'infanterie, celle au fleuret pour la cavalerie armée du sabre droit, et l'espadon pour celle armée de sabres courbes devraient être de rigueur : on serait conséquent alors.

Si quelqu'un disait : Lorsque le fantassin sait croiser la bayonnette, il en sait assez ; je lui répondrais que ce simple mouvement suffit tant que les troupes restent en ordre de bataille ou en carré ; mais lorsque le soldat est envoyé en tirailleur ou même lorsque le carré dont il fait partie est enfoncé, il ne lui suffit plus : il faut encore qu'il sache faire des évolutions de corps et manier son fusil de manière à parer les coups de sabre, à piquer le cavalier et le cheval, surtout le cheval, qui résiste alors au cavalier et le place souvent dans des positions désavantageuses, telles que de présenter le derrière ou le flanc gauche, où les coups de sabre ne sont point à redouter. Si, à Waterloo, les fantassins qui furent chargés et enfoncés par les dragons anglais eussent su autre chose que croiser la bayonnette, il n'y en aurait pas eu autant de sabrés.

La série des choses à apprendre aux sous-officiers et soldats s'augmente chaque année et les dégoûte du métier, au lieu de les y attacher ; ils ont aujourd'hui : l'exercice et les manœuvres, les écoles régimentaires des premier et deuxième degré, d'escrime au fleuret, de danse, de natation, d'escrime de la bayonnette lorsque les autres choses sont apprises ; la gymnastique, le solfége, la théorie du tir, les travaux topographiques pour ceux qui ont les connaissances nécessaires ; les théories de toute espèce dans les chambres et sur le terrain, le tir à la cible sur le terrain, les marches militaires, etc., etc. Si l'on joint à cela le service très pénible que font les troupes dans la plupart des places, puisque chaque homme monte la garde tous les trois jours, et accidentellement tous les deux jours, les revues de toute espèce et autres prises d'armes extraordinaires, on comprendra que le plus grand embarras pour un colonel est de partager tous les instants de la journée de manière que tout marche, et cela est impossible, car il faut encore ajouter aux empêchements journaliers l'éloignement plus ou moins grand des différents établissements militaires, des terrrains de manœuvres et de tir, qui fait perdre la moitié du temps en courses. Ainsi, tel régiment qui a douze ou quatorze compagnies dans une ville, y occupe souvent deux ou trois casernes, qui sont quelquefois à huit cents ou douze cents mètres l'une de l'autre, tandis que la manutention, le magasin au bois et celui des lits militaires sont à des distances pareilles des casernes. A Cherbourg, par exemple, les troupes ont en ce moment (1844), trois et quatre kilomètres à faire pour se rendre sur le terrain d'exercice ; à Rouen, elles ont huit kilomètres à faire pour aller sur le terrain de la cible ; à Paris même, où la garnison est si nombreuse, l'éloignement pour le tir est aussi grand pour la plupart des corps, attendu qu'un seul terrain est assigné pour tous. Il en résulte que chaque corps ne peut aller au tir qu'une ou deux fois par mois, encore faut-il que le temps le permette, ce qui rend le tir d'autant plus illusoire qu'il n'y a qu'un tiers ou tout au plus la moitié des hommes qui puissent y aller chaque fois.

Il arrive souvent et forcément, par exemple, que l'instruction des recrues a lieu sur le terrain en même temps que les écoles du premier et du deuxième degré, et que la théorie des sous-officiers et caporaux, d'où il résulte que, ne pouvant être partout à la fois, il se trouve des élèves qui ne reçoivent pas plus d'une leçon de chaque espèce par semaine. L'État fait beaucoup de frais pour beaucoup de choses qui ne marchent pas, ou du moins dont les progrès ne sont pas en raison de ces frais. Tous les corps *sans exception*, sont forcés, tout en faisant tout ce qu'il est humainement possible de faire, de mettre un peu de charlatanisme dans leurs rapports, pour qu'on ne dise pas qu'il y a négligence ou insouciance; ainsi l'école du deuxième degré se compose d'abord des sous-officiers comptables, qui, pour les onze douzièmes, ne doivent pas leur instruction au corps, ainsi que d'autres sous-officiers et caporaux qui sont dans le même cas. Toutefois, il est juste de dire qu'un petit nombre d'hommes profitent des leçons qui leur sont données, pour l'écriture surtout et un peu pour la lecture. Le français et l'orthographe laissent toujours beaucoup à désirer, même parmi les élèves du deuxième degré, qui ne travaillent pas assez, et qui sont généralement trop âgés pour en saisir et retenir les règles.

Parmi les sous-officiers, il est une classe des plus intéressantes en raison des travaux pénibles dont ils sont écrasés, de l'exiguïté de leur solde et de leur perspective presque illusoire d'avancement ; je veux parler des sergents-majors. En effet, un sergent-major est l'âme d'une compagnie ; c'est sur lui que tout roule, administration et service : dès le matin, il faut qu'il sache quels sont les hommes malades et qu'il en fasse un billet nominatif qui est déposé au corps-de-garde de police, afin qu'ils soient visités par un chirurgien ; qu'il s'occupe de la situation et du rapport des vingt-quatre heures, qu'il va soumettre au commandant de sa compagnie, en même temps qu'il le lui fait signer. À huit heures et demie, il assiste au rapport général du régiment et en communique le résultat aux officiers de sa compagnie ; à neuf heures il a le repas du matin, auquel il lui est souvent impossible d'assister avant neuf heures et demie ou dix heures ; à dix heures, et demie il doit rassembler la compagnie et en faire l'appel ; à onze heures il faut qu'il assiste à la parade, après laquelle il est rare qu'il n'ait pas quelque opération à faire au magasin, soit pour recevoir des effets d'habillement en première mise ou de remplacement, de l'équipement, de l'armement ou du linge et chaussure, soit pour verser des effets et des sacs d'hommes qui s'absentent ou qui sont rayés des contrôles pour une cause quelconque ; soit enfin pour quelques vérifications d'écritures au bureau du major, du trésorier ou de l'officier d'habillement ; à midi ou une heure, il a une théorie quelconque ou l'école ; à deux ou trois heures, l'exercice ; à cinq heures, le repas du soir. Il n'a donc que de six à dix heures, encore ce temps est-il coupé par l'appel du soir, demi-heure après la retraite, pour s'occuper de ses écritures, qui sont considérables et l'obligent bien souvent à travailler la nuit, surtout à la fin de chaque trimestre. Voilà ses devoirs réglementaires, indispensables, qui se renouvellent tous les jours ; mais combien n'a-t-il pas de dérangements qu'il est impossible de prévoir et d'énumérer ici ? Il faut vraiment avoir passé par ce grade et par tous ceux d'un régiment pour s'en faire une idée ; il y a des jours où l'on bat dix fois aux sergents-majors dans un quartier et, chaque fois, un officier chargé d'un détail quelconque leur demande une note, un état, une situation, etc., etc. L'école, en général, dégoûte les sergents-majors de leur métier ; j'en connais qui y vont depuis qu'ils sont militaires, huit à dix ans, et qui sont toujours à peu près au même point ; on ne les exempte pas, parce que leur instruction n'est pas aussi complète que le désirent les réglements, et pourtant le temps qu'ils y passent serait mieux employé à leurs écritures; l'état stationnaire dans lequel ils restent prouve d'ailleurs qu'ils ne peuvent aller plus loin.

La solde d'un sergent-major d'élite, en station, est de un franc cinq centimes par jour, et celle d'un sergent-major du centre de un franc, sur quoi il faut prélever dix centimes pour la masse de linge et chaussure et soixante centimes pour la pension, de sorte qu'il reste à l'un trente centimes, et à l'autre trente-cinq par jour. Quel est l'homme ayant un peu de savoir, et travaillant pour ainsi dire jour et nuit, qui ne gagne qu'un franc par jour? Il n'y en a pas dans le civil, et il faut assurément une bien grande dose de patience et de persévérance au sous-officier pour attendre à ce prix, pendant dix ou douze ans et plus, un grade qu'il n'est jamais sûr d'obtenir, car il n'y a, terme moyen, qu'un ou deux sous-officiers, par régiment et par an, qui deviennent officiers; or, il y a 25 candidats, rien que dans les adjudants et les sergents-majors; aussi ne voit-on aujourd'hui que très peu de jeunes gens bien élevés, et ayant de l'instruction, choisir la carrière militaire, et surtout l'infanterie, pour commencer par le premier échelon. Tout ce qui arrive dans les corps, par les appels et par les engagements volontaires, est illettré ou à peu près, et dans quelques années on ne trouvera plus un nombre suffisant de sergents-majors; c'est alors que l'on comprendra que ce devrait être un état pour un sous-officier et qu'à défaut d'avancement il pourrait être un peu mieux traité pécuniairement.

Cette disette de sujets, qui se fait sentir aujourd'hui, vient encore à l'appui de ce que j'ai dit, à savoir que le goût militaire se perd de plus en plus, au lieu de progresser; en voici un exemple irrécusable : on trouve, dans les régiments, beaucoup d'hommes qui ne veulent être ni caporaux ni soldats d'élite, parce que cette position, en les plaçant à la gauche des caporaux, ou bien à celle des soldats d'une compagnie d'élite, leur ferait perdre le rang qu'ils occupent parmi les soldats du centre de leur compagnie, et qui, dans leur désir de s'en aller chez eux le plus tôt possible, leur fait prévoir qu'il y aura des congés de semestre dans lesquels ils seront compris, comme plus anciens, et cela est si vrai que j'ai été obligé, dans le régiment sous mes ordres, de prévenir que le fusilier qui n'acceptera pas les galons de caporal, ou les épaulettes de grenadier ou de voltigeur, ne participera en aucune manière aux congés de semestre, qui sont une faveur et non un droit. Sur 200 hommes envoyés en congé de semestre en 1845, plus de 40 ont demandé, non seulement des prolongations, mais encore à ne pas rejoindre du tout, malgré qu'ils aient encore 21 mois à faire, étant tous de la classe de 1840 ; il va sans dire qu'il n'a pas été fait droit à toutes ces demandes, qui, du reste, se renouvellent tous les ans.

Après cette longue digression, je dirai que l'instruction militaire donnée actuellement aux troupes est resserée dans les limites les plus étroites, c'est-à-dire dans le réglement des manœuvres, qui ne sont qu'imparfaitement exécutées et dont on ne comprend pas généralement le but, soit faute de monde, soit faute de terrain et par l'absence d'artillerie et de cavalerie, dont les mouvements doivent être combinés avec ceux de l'infanterie ; il en est de même pour ces deux dernières armes, qui, ne manœuvrant jamais avec ou contre de l'infanterie, n'ont qu'une idée très imparfaite des combats réels ; c'est là la grande utilité des camps, dans lesquels on pourrait mettre en présence les trois armes, et les y employer avec intelligence ; mais un camp de 20,000 hommes par an n'est que la dixième ou douzième partie de ce qu'il faudrait en France.

Si demain nous avions une guerre européenne à soutenir, nous aurions pour adversaires des soldats aussi braves que les nôtres et plus instruits, militairement parlant ; ainsi, l'on ne trouverait pas en France, aujourd'hui, un bataillon entier, pour passer une rivière à la nage, comme on l'a fait en Prusse ; nous ne trouverions pas plus un bataillon d'infanterie, ébauchant une redoute en moins d'une heure, derrière plusieurs escadrons de cavalerie chargés de masquer cette opération, comme les Russes l'ont fait à la bataille de la Moskowa, et nous n'aurons peut-être jamais un second Napoléon pour diriger nos masses. Ce n'est pas que nos soldats ne soient aussi susceptibles, et plus peut-être, d'apprendre à nager et à construire promptement une fortification passagère que les Prussiens et les Russes, mais parce que, dans nos garnisons disséminées, il n'y a presque jamais possibilité de se livrer à ces exercices et travaux, faute d'eau, de terrains et d'outils.

La sûreté d'un État comme la France, dont les armées ont planté leurs aigles et leurs drapeaux dans les capitales des peuples les plus guerriers du globe, impose l'obligation d'être toujours en mesure de repousser une agression de ses voisins ; l'instruction militaire de notre armée ne pourrait donc pas être au-dessous de celle des armées que nous avons battues tant de fois, sans nous exposer à des revers désastreux; or, le moyen d'arriver à des résultats certains, le voici :

Le système de guerre actuel, c'est-à-dire, les armées nombreuses et les grands mouvements stratégiques, rendent nulles toutes les petites places disséminées sur nos frontières du nord et de l'est, sur plusieurs lignes; elles sont mêmes nuisibles en ce qu'elles absorbent des garnisons et du matériel ; les armées ennemies passent à côté et ne s'en inquiètent pas. D'un autre côté, ces places que le temps détruit, nécessitent des réparations d'entretien considérables et un personnel d'état-major onéreux pour l'État.

C'est, je crois, le général Sainte-Suzanne, qui le premier a dit que les petites places étaient sans importance aucune, qu'avec la valeur des terrains qu'elles occupent, ainsi que des établissements militaires qu'elles renfer- ment on pourrait construire de grandes places fortes, avec camps retran- chés pour 15 à 20,000 hommes. Ces places, assises sur les grands débou- chés des frontières, ne permettraient pas impunément l'invasion du territoire, et une armée ennemie ne s'aventurerait pas au point de laisser derrière elle deux ou trois places de cette importance, entre lesquelles elle passerait et qui pourraient non seulement mettre un nombreux corps d'armée sur ses derrières, mais encore intercepter com- plètement ses communications.

Outre le but principal des places de guerre, qui est de mettre à l'abri les arsenaux, les munitions, les approvisionnements et les magasins de toute espèce, nécessaires à une armée, les grandes places proposées par le général Sainte-Suzanne résoudraient encore le problème de l'instruction et de l'é- ducation militaire des troupes. Ainsi, une grande place ayant un camp retranché assez vaste et une garnison de 16 à 18,000 hommes d'infanterie, 2,000 hommes de cavalerie, au moins deux batteries d'artillerie, et quelques compagnies de sapeurs du génie, le tout divisé en brigades formant une division, permettrait d'exécuter de grandes manœuvres, de simuler des combats avec le concours des trois armes (infanterie, cavalerie et artillerie). Là, les tirailleurs pourraient compléter leur instruction, l'infanterie pourrait apprécier les charges de cavalerie; celle-ci pourrait de même étudier la manière d'attaquer les carrés d'infanterie; ces deux armes pourraient surtout apprécier le temps nécessaire à leurs manœuvres. L'artillerie pourrait également apprécier les meilleures positions et circonstances pour foudroyer les masses. Les officiers-généraux et supérieurs y apprendraient journellement à manier les troupes et à étudier les seules manœuvres praticables à la guerre; on y exercerait les troupes à manœuvrer au pas de course sans se désunir, seule partie de la gymnastique qui ait une utilité réelle. L'escrime à la bayonnette y serait adoptée et perfectionnée pour l'infanterie. Chaque régiment aurait ses écoles du premier et du deuxième degré, qui utiliseraient les loisirs du soir, car l'État ferait la dépense de l'éclairage pendant trois heures, de 7 à 10 heures; ce qui empêcherait les soldats de se coucher à six heures du soir en hiver, comme ils sont forcés de le faire aujourd'hui, et ce qui est une corvée désagréable pour eux, dans la journée, deviendrait un amusement dans la soirée. Je voudrais que de 7 à 9 heures, ils fussent occupés de leurs leçons, et que, de 9 à 10, il leur fût fait une lecture de notre histoire militaire ou d'autres ouvrages intéressants et moraux; ces lectures auraient, j'en suis bien convaincu, d'excellents résultats sous tous les rapports. La natation serait poussée aussi le plus posssible, parce que je suppose qu'il y aurait des lieux appropriés pour cela. L'escrime au fleuret ne serait enseignée qu'à la cavalerie et abandonnée pour l'infanterie, à qui elle n'est d'aucune utilité. La gymnastique, autre que la course, ainsi que le solfége, dont le soldat n'a pas le loisir de suivre les cours, seraient également abandonnés; il resterait encore assez de choses plus essentielles à apprendre sans celles-là.

Le service journalier serait beaucoup moins fatigant qu'il l'est aujourd'hui, par la réunion des établissements militaires, en même temps que cela donnerait plus de monde pour tous les exercices, manœuvres, prises d'armes, marches militaires, etc., etc. L'on perdrait aussi beaucoup moins de temps en courses inutiles.

En hiver les troupes seraient casernées, et campées ou bivouaquées en été (c'est-à-dire, dans la saison chaude, juillet, août et septembre), sans frais, pour ainsi dire ; de sorte qu'on aurait autant de camps d'instruction qu'il y aurait de grandes places où toute l'armée serait instruite simultanément. Par camp d'instruction, je n'entends pas ces exercices de détail dans lesquels on passe minutieusement les écoles de soldat, de peloton et de bataillon, ainsi que cela s'est fait dans les camps de Saint-Omer et autres, mais bien les grandes manœuvres de guerre, les recconnaissances militaires de toute espèce, les mouvements stratégiques, et enfin la simulation de toutes les actions de guerre. Les troupes y seraient toujours tenues en haleine de marches et de fatigues par des exercices soutenus et limités dans des bornes raisonnables. L'habitude de se voir établirait en outre, entre les différents corps, une camaraderie qui provoquerait l'émulation devant l'ennemi, et le désir de s'appuyer réciproquement au besoin. Là, le goût militaire reviendrait par la variété et l'importance des exercices et des manœuvres, et par l'habitude du camp.

Voici ce que dit M. le maréchal Marmont, sur les camps d'instruction (Esprit des Institutions militaires, page 244) : « *Eux seuls* (les camps d'in- « struction), *pendant la paix, donnent aux troupes les habitudes et l'in-* « *struction qui leur conviennent. L'esprit militaire ne se développe qu'au* « *milieu des dangers de la guerre et des réunions qui en sont l'image. La* « *vie des camps, le mouvement qui l'accompagne, le mélange des armes,* « *cette existence particulière dont la société civile est si éloignée et qui* « *est l'élément des succès et de la gloire, ne peut se créer que par des* « *rassemblements de quelque durée et au milieu du bien-être.*

Il dit encore (page 132) : « *C'est en les mêlant* (les trois armes) *qu'on* « *obtient les meilleurs résultats ; elles se soutiennent réciproquement, et* « *concertent à propos leurs efforts. En laissant ensemble les mêmes* « *corps, réunis pendant plusieurs campagnes, sous le même général, on* « *crée un esprit de corps et par suite une homogénéité utile. Les troupes* « *ont alors toute la valeur dont elles sont susceptibles. La légion, chez* « *les Romains, est le premier exemple de cette combinaison, qui certes,* « *a contribué puissamment à leurs triomphes :* UN DIEU, dit Vegèce, LEUR « EN INSPIRA LA PENSÉE. »

Pour compléter ces immenses résultats, je voudrais qu'il y eût une bibliothèque militaire dans chacune de ces places, où les officiers, les sous-officiers et même les soldats puissent aller lire le soir et passer ainsi leur soirée sans frais. Cette bibliothèque, que les officiers consentiraient volontiers à monter et à entretenir, au moyen d'une très faible retenue mensuelle, serait composée d'ouvrages militaires et autres d'un bon choix, dans lesquels les hommes studieux et laborieux viendraient étudier.

Dans chaque brigade, l'aide-de-camp du maréchal de camp serait tenu de conduire, une fois par semaine en été, sur le terrain, deux ou trois officiers par régiment, pris parmi les plus capables, pour leur enseigner le levé des plans ; ces officiers montreraient aux autres et ceux-ci aux sous-officiers, de manière, en un mot, que tous les instants tournent au profit de l'instruction militaire de l'armée.

Je ne crois pas me tromper, en avançant encore que l'adoption du système des grandes places, avec camps retranchés, produirait moins de malades qu'aujourd'hui et surtout des galeux et des vénériens, parce que les femmes et les filles publiques seraient plus faciles à soumettre à de fréquentes visites auxquelles assisteraient de rigueur les chirurgiens - majors des corps, et que celles reconnues malades pourraient être traitées dans un hospice, tandis qu'aujourd'hui ces mesures ne peuvent être appliquées que dans un très petit nombre de localités; dans les autres ces femmes restent libres de communiquer ces maladies à tous ceux qui les approchent.

Enfin, de telles places et camps retranchés seraient des écoles militaires complètes, d'où sortiraient, au besoin, et du jour au lendemain, des divisions tout organisées, auxquelles rien de l'art de la guerre ne serait étranger, et qui, mieux que nos soldats d'aujourdhui, supporteraient les fatigues, comme cette armée partie du camp de Boulogne, en 1805. C'est alors que nous aurions réellement l'espoir de soutenir avantageusement l'immense gloire que nous avons acquise, si l'on nous cherchait querelle!... Mais hélas !... Ces idées d'un militaire qui rêve tout éveillé le bonheur, la gloire et la prospérité de sa patrie, rencontreraient sans doute beaucoup d'obstacles, si elles étaient prises en sérieuse considération; la question d'argent surtout serait des plus importantes, car il serait assez difficile je crois, d'apprécier si la vente de tous les terrains et des bâtiments militaires dépendant des petites places, compenserait les dépenses que nécessiterait l'établissement de dix à douze grandes places sur les frontières du nord et de l'est, de Dunkerque jusqu'à Antibes, et pour l'achat des terrains qui seraient indispensables ; mais j'ajouterai que les places de Dunkerque, Lille, Maubeuge, Metz, Strasbourg, Lyon et Grenoble pourraient être conservées et agrandies, et que cela diminuerait considérablement les dépenses. Il y a même d'autres places qui pourraient encore former le noyau des grandes à construire. Un essai pourrait être tenté : Dunkerque et Lille pourraient être convertis en grandes places, avec camps retranchés, aux dépens de Saint-Omer, Aires, Bergues, Saint-Venant et Béthune.

Mais, dira-t-on, comment arrêteriez-vous l'ennemi débouchant par Ypres, Bailleul, Cassel et Saint-Omer, en supposant Dunkerque et Lille convertis en grandes places, si Saint-Omer n'existait plus comme place de guerre ? Je répèterai ici, que si l'ennemi était assez fort pour négliger Saint-Omer ce ne serait pas la garnison de cette place qui l'arrêterait ; mais j'ajouterai encore que, dans le cas d'une invasion du territoire, il y aurait, sans aucun doute, au moins une division occupant Bailleul et Cassel et s'appuyant aux grandes places de Dunkerque et de Lille ; que si l'ennemi parvenait à repousser cette division, il y regarderait à deux fois avant de les dépasser, puisqu'elles pourraient diriger sur ses derrières 25 à 30,000 hommes, qui le placeraient dans une position des plus critiques. Napoléon lui-même, qui faisait si peu de cas des petites places de guerre, ne voulut pas laisser derrière lui, en entrant en Russie, la grande place de Dantzig, qui pouvait contenir 30,000 hommes de garnison ; il en fit faire le siége et s'en assura la possession avant de commencer ses opérations, et pourtant il était à la tête de plus de 600,000 hommes. En abandonnant l'Allemagne, il aurait dû ne faire occuper que les grandes places de Magdebourg, Hambourg et Dantzig, dont les deux premières n'ont pas été prises parce que leurs garnisons étaient considérables ; Dantzig n'aurait pas succombé s'il y avait eu à trois ou quatre marches d'elle, deux autres places de la même importance dont les garnisons auraient considérablement inquiété les assiégeants. Toutes les autres places d'un ordre inférieur, telles que Brême, Dresde,

Erfurt, Vittemberg, Stettin, Modlin, Torgau, etc., etc. furent perdues, et avec elles les garnisons et le matériel qu'on y avait laissés.

C'est aussi pour avoir desséminé son armée dans les petites places que Turenne avait prises, qu'il fut vaincu dans la campagne de 1672, parce que ces petites garnisons ne pouvaient rien l'une pour l'autre, ni pour l'armée volante, qui se trouvait trop affaiblie; ainsi l'on peut dire que, vainqueur ou vaincu, il est toujours dangereux d'occuper des petites places.

Ces démonstrations suffisent pour faire comprendre quel rôle les grandes places seraient appelées à jouer, comparé à l'insigniance des petites, qui sont toujours prises. Si, d'un autre côté, l'ennemi se décidait à faire le siége des grandes places, oh! alors la guerre traînerait en longueur, car il faudrait un matériel considérable, des armées de siége nombreuses, non seulement pour les bloquer entièrement, mais encore pour faire face à l'armée volante ou manœuvrante, qui aurait toujours des débouchés sur les flancs et sur les derrières de l'ennemi, sans compter les différentes garnisons qui, n'étant qu'à quatre ou cinq marches l'une de l'autre, pourraient faire une puissante diversion, en se prêtant un secours réciproque. Si, par exemple, l'ennemi faisait le siége de Lille, il aurait à observer Dunkerque et Maubeuge ou Valenciennes, en supposant ces deux villes converties en grandes places, devant chacune desquelles il faudrait une force triple de la garnison, par la raison que cette dernière, pouvant employer les trois quarts de son monde pour faire une sortie, tantôt sur un point, tantôt sur un autre, il faudrait que les assiégeants soient en force partout, autrement ils s'exposeraient à se faire détruire en détail, et cela indépendamment de l'armée de siége proprement dite et de ce qu'il faudrait pour opposer à l'armée volante. De telles entreprises deviendraient très difficiles, et je ne crains pas d'affirmer que l'adoption des grandes places de guerre sur les frontières du nord et de l'est seraient le complément des fortifications de Paris, et rendraient la France bien respectable pour ses ennemis, surtout si nos divisions intestines faisaient place à un patriotisme éclairé et désintéressé.

DOUZIÈME CONFÉRENCE.

SUR L'EMPLOI DES TROIS ARMES (INFANTERIE, CAVALERIE ET ARTILLERIE) DEVANT L'ENNEMI.

Le sujet de cette conférence paraît, au premier abord, rentrer exclusivement dans les attributions des officiers-généraux; cependant on a vu des chefs de bataillon, des lieutenants-colonels et des colonels investis du commandement de détachements composés de plusieurs armes, et fort embarrassés pour en tirer parti devant l'ennemi, parce qu'il y a infiniment peu d'officiers qui étudient la tactique des trois armes réunies. En voici un exemple : le 5 ou le 6 juillet 1809, deux bataillons d'infanterie et un escadron de dragons, furent placés sous le commandement du chef d'escadrons de dragons, et, partant de Bayreuth, formèrent l'avant-garde d'un corps d'armée commandé par Junot, qui devait prendre la route de Prague, à la rencontre d'un corps de partisans ennemis assez nombreux, commandé par le duc de Brunswick-Oëls; cette avant-garde, qui ne fut pas appuyée, se porta à six ou huit lieues en avant et rencontra l'ennemi vers deux ou trois heures de l'après-midi. Les deux avant-gardes se tiraillèrent pendant une heure ou deux sur leur terrain respectif; mais les troupes du duc de Brunswick ayant eu le temps d'arriver, s'avancèrent en bon ordre, et le commandant de la colonne française crut prudent de se retirer; nous nous mîmes donc en retraite (1), poursuivis vigoureusement par deux pièces d'artillerie légère, l'infanterie d'un côté et en colonne, dans la crainte que les boulets et la mitraille ennemis n'aient pas assez de prise, et la cavalerie de l'autre. Après une heure de marche nous eûmes un défilé à passer, formé par une gorge entre deux montagnes boisées, dans la petite chaîne qui sépare la Bavière de la Bohême. Une lutte s'engagea entre les deux bataillons d'infanterie et l'escadron de dragons à qui entrerait le premier dans le défilé; la chaleur était excessive et les fantassins, mourant de soif, y entrèrent les premiers, pêle-mêle; cependant la

(1) J'étais fourrier dans l'un des deux bataillons en question, 4e du 28e de ligne.

cavalerie prétendait qu'il fallait lui livrer passage, parce qu'elle ne pouvait combattre dans cette position, ce qui était vrai, et ce fut avec beaucoup de peine qu'elle parvint à nous dépasser.

Dès que l'ennemi avait été aperçu, des ordonnances à cheval avaient été envoyées à Junot, pour l'en prévenir; mais comme il était bien tranquille à Bayreuth et qu'aucune troupe n'avait bougé, il ne put venir que tardivement à notre secours; cependant huit à dix pièces arrivèrent à peu près à mi-chemin de Bayreuth, vers la fin du jour, et furent mises en batterie contre la cavalerie ennemie qui nous avait tournés; elle fut maintenue à distance, et un affreux orage qui survint et qui dura toute la nuit nous permit de continuer la retraite, ainsi que toutes les troupes venues à notre rencontre, jusqu'à Amberg.

Fit-on dans cette circonstance tout ce que l'on devait faire? Non, assurément et quoique je fusse fort jeune alors (j'avais 20 ans), et que ce fut ma première campagne, le souvenir m'en est resté et a suggéré mes remarques : d'abord le terrain à parcourir pour arriver au défilé permettait de s'y déployer et de marcher en bataille au lieu de marcher en colonne, ensuite l'artillerie légère ennemie était assez en avant de son infanterie pour que les dragons tentassent un coup de main sur elle; il est vrai qu'elle était soutenue par des hulans, à peu près un escadron; c'était une raison de plus pour faire au moins une charge et tâcher d'enlever les deux pièces; la cavalerie pouvait toujours nous rattrapper au galop.

Ce qui se passa à l'entrée du défilé était aussi une faute grave; la cavalerie devait y entrer la première et l'infanterie ensuite, et cette dernière se couvrir par une ligne de tirailleurs, auxquels personne ne songea. Du reste la petite colonne dut probablement son salut à la précipitation avec laquelle ce défilé fut franchi, à la poursuite qui fut molle et calculée sur la marche de colonnes assez nombreuses, et surtout un corps de hulans qui tournaient le défilé, et nous auraient coupé la retraite, sans l'arrivée des pièces d'artillerie dont j'ai déjà parlé.

En présence de l'ennemi, les trois armes se doivent un mutuel secours; mais pour qu'il soit efficace, il faut savoir que l'infanterie doit combattre sur les terrains les plus accidentés, qu'elle doit céder la plaine à la cavalerie et que l'une et l'autre doivent céder les voies de communication, c'est-à-dire, les routes et les chemins, à l'artillerie. En effet, il est peu de terrains sur lesquels l'infanterie ne puisse passer, même dans les marais (les plus mauvais de tous), avec de l'eau jusqu'à la ceinture. Le fantassin franchit les haies, les fossés, les ruisseaux, les rivières, lorsqu'elles sont guéables, et les bois; tous ces obstacles, excepté les rivières guéables, arrêtent la cavalerie, à laquelle il faut des plaines pour parcourir une longue carrière. L'artillerie suit presque toujours les routes et les chemins, et si elle s'en écarte, c'est seulement pour se mettre en position à droite et à gauche, à moins que le terrain soit uni et dur, comme les bruyères et les friches. Dans les terres labourées, elle s'exposerait à se faire prendre dans le cas de retraite, et puis le plus petit obstacle l'arrête : un ravin, un fossé, une levée de terre, etc., etc.

Dans la supposition où un corps de troupes quelconque, composé des trois armes, se porte en avant, dans un pays suspect, l'infanterie forme l'avant-garde, si le pays est accidenté et couvert; s'il est découvert et uni, c'est la cavalerie qui la forme. Dans le premier cas, l'infanterie tient encore la tête de la colonne, l'artillerie le centre, et la cavalerie la queue. Dans le second, la cavalerie tient la tête de la colonne, l'artillerie la suit et l'infanterie ferme la marche.

Si une colonne, composée des trois armes, rencontre l'ennemi sur un terrain couvert et accidenté, l'infanterie étant en tête n'éprouve aucun obstacle pour s'étendre à droite et à gauche, pour prendre position et débusquer l'ennemi; l'artillerie, qui la suit, prend immédiatement toutes les positions qui lui conviennent, et la cavalerie reste en réserve, prête à fondre sur l'ennemi aussitôt que la position le permet. Si cette colonne éprouvait un échec et qu'elle fût obligée de battre en retraite, la cavalerie serait en tête, l'artillerie la suivrait et l'infanterie soutiendrait la retraite; bien entendu que si l'artillerie trouvait une bonne position pour foudroyer les masses ennemies, elle s'y arrêterait, de même que si le pays venait à se découvrir et à permettre à la cavalerie de manœuvrer avec avantage, elle se porterait en avant de l'infanterie dans l'offensive et en arrière dans la défensive, c'est-à-dire que c'est elle qui soutiendrait la retraite.

Si la même colonne devait marcher sur un terrain uni et découvert, la cavalerie serait en tête pour fondre sur l'ennemi aussitôt qu'elle l'apercevrait ; l'artillerie la suivrait et prendrait toutes les positions convenables ; l'infanterie, dont la marche est plus lente, resterait en réserve à la queue de la colonne, pour être utilisée au besoin. Dans le cas de retraite, l'infanterie marcherait en tête, l'artillerie la suivrait et la cavalerie fermerait la marche. Si le terrain était accidenté et couvert, les rôles changeraient entre la cavalerie et l'infanterie : cette dernière se porterait en avant dans l'offensive et à la queue dans la défensive.

Le rôle de l'artillerie est de marcher au centre des deux autres armes, et à la queue de l'une des deux, lorsqu'il y a absence de l'une ou de l'autre.

Dans l'offensive, et lorsque l'ennemi a pris position, celui qui commande la colonne doit le reconnaître, c'est-à-dire se porter en avant, pour voir quel parti il tirera de ses trois armes, relativement à la configuration du terrain et aux points occupés par l'ennemi. C'est ici que le militaire judicieux doit unir la stratégie à la tactique et le coup d'œil à la connaissance topographique du pays : si le commandant du corps de partisans du duc de Brunwick-Oëls, dont j'ai parlé plus haut, n'eût pas possédé ces connaissances, il n'aurait pas fait tourner le défilé que nous franchîmes, pour nous couper la retraite, manœuvre qui ne manqua son effet que par l'arrivée d'un secours, de la nuit, et d'un orage comme on en voit peu. Or donc, après avoir reconnu les positions de l'ennemi et son propre terrain, le commandant d'une colonne dispose ses troupes de manière que ses trois armes puissent se porter en avant et attaquer sans obstacle ; si quelques routes ou chemins permettent de tourner la position en même temps qu'on l'attaque de front, c'est l'affaire de la cavalerie, à cause de la célérité de sa marche, qui peut être plus ou moins accélérée ; mais il faut n'attaquer de front que lorsque l'on suppose la cavalerie en mesure d'agir.

Dans la défensive, le terrain en arrière a dû être étudié également afin que chaque arme puisse avoir une marche franche et non entravée, tout en profitant des positions et accidents de terrain qui lui permettent d'arrêter les progrès de l'ennemi, en même temps que les communications par lesquelles il pourrait vous tourner, doivent être occupées. Ainsi, l'infanterie rencontrant un bois, doit s'en emparer et garnir la lisière, parce que de là elle peut faire un feu terrible sans être vue. L'artillerie, rencontrant une hauteur, doit s'y mettre en batterie et tirer à mitraille sur les points où l'ennemi est aggloméré ; la cavalerie, rencontrant un terrain uni et plat, doit se mettre en bataille à l'extrémité et charger les troupes ennemies au fur et à mesure qu'elles débouchent dans cette plaine. Les trois armes réunies et bien disposées peuvent arrêter des forces quintuples à la sortie d'un défilé, en ne laissant déboucher que le nombre qu'elles sont sûres de battre, comme je l'ai dit dans la cinquième Conférence.

Mon but, en parlant de l'emploi des trois armes devant l'ennemi, n'a pas été d'entrer dans tous les détails que nécessiterait cette question, qui embrasse et résume l'art de la guerre, et qui pourrait s'étendre aux armées les plus considérables comme aux détachements les plus faibles ; j'ai seulement voulu en donner une idée succincte et générale, pour faire voir que, tout en se protégeant réciproquement, chacune des trois armes doit néanmoins avoir, dans tous les cas, sa liberté d'action, laquelle ne peut avoir lieu qu'autant que les deux autres lui cèdent le terrain qui lui convient.

TABLE.

Typographie Bénard et comp, pass. du Caire 2.

www.ingramcontent.com/pod-product-compliance
Ingram Content Group UK Ltd.
Pitfield, Milton Keynes, MK11 3LW, UK
UKHW020013100726
13658UKWH00002B/931